Lajser Ajchenrand

ממעמקים

MIMAAMAKIM

AUS DER TIEFE RUFE ICH

lider und ssonetn
Gedichte
Jiddisch und Deutsch

Aus dem Jiddischen übertragen
und mit einem Nachwort von Hubert Witt

Ammann

Der Übersetzer dankt dem Deutschen Übersetzerfonds
für eine Förderung seiner Arbeit.

Der Verlag dankt dem Präsidialdepartement der Stadt Zürich
für die Unterstützung bei der Drucklegung dieses Werks.

Erste Auflage
Im 25. Jahr des Ammann Verlags
© 2006 by Ammann Verlag & Co., Zürich
Alle deutschsprachigen Rechte vorbehalten
www.ammann.ch
Satz: Gaby Michel, Hamburg
Druck und Bindung: Bercker, D-Kevelaer
ISBN-13: 978-3-250-10501-5
ISBN-10: 3-250-10501-5

... און גיב גאָט
אַז ווען אונדזערע מערדער
וועלן אין זיך אַרײַנקוקן
זאָל זיי אָנכאַפֿן אַ גרויל
פֿאַר זיך אַליין.

... und gebe Gott:
Wenn unsre Mörder
In sich hineinsehn,
Soll es ihnen vor sich selber
Grauen.

... un gib got
as wen undsere merder
weln in sich arajnkukn
sol sej onchapn a grojl
far sich alejn.

אײבעריק ווערט מיר

בײַ טאָג טרינקט איר די נאַכט פֿון מײַן בליק:
אין דער נאַכט איז ער װי פֿאַרלאָשן ליכט.
צװישן לעגענדעס בלאָנדזשעט אַ הײליקער הין און צוריק –
און נאָר דער טױט טראָגט זײַן אײגן געזיכט.

עמעץ גײט מיט פֿאַרברענטע טריט דורכן נאַכטיקן לאַנד:
אַ געשטאָרבן קינד טראָגט זאַלץ און ברױט מיר אַנטקעגן;
דער װינט רײַסט קריעה אין מײַן פֿאַרבלוטיקט געװאַנט.
פֿון אײביקן שלום רעדט הונגער אױף אַלע װעגן.

זיבן מאָל בײגט זיך פֿאַר מיר דער טױט,
זײַנע שטײנערנע ליפּן רעדן פֿון אומשולד און געװאַלד –
צו זײַן אײגענער לװיה ציט אַ פֿױגל רױט –
און אײבעריק װערט מיר מײַן מענטשלעך געשטאַלט.

IBERIK WERT MIR

baj tog trinkt ir di nacht fun majn blik:
in der nacht is er wi farloschn licht.
zwischn legendess blondshet a hejliker hin un zurik –
un nor der tojt trogt sajn ejgn gesicht.

emez gejt mit farbrente trit durchn nachtikn land:
a geschtorbn kind trogt salz un brojt mir antkegn;
der wint rajsst krie in majn farblutikt gewant.
fun ejbikn scholem redt hunger ojf ale wegn.

sibn mol bejgt sich far mir der tojt,
sajne schtejnerne lipn redn fun umschuld un gewald –
zu sajn ejgener lewaje zit a fojgl rojt –
un iberik wert mir majn mentschlech geschtalt.

SINNLOS

Am Tag trinkt ihr mein Aug vom Dunkel leer:
Nachts ist es wie ein schwarz erloschnes Licht.
Ein Heiliger irrt zwischen Legenden umher,
Und nur der Tod trägt sein eignes Gesicht.

Wer geht mit Ascheschritten durch das nächtige Land:
Ein totes Kind trägt Salz und Brot mir entgegen;
In Trauer zerreißt der Wind mein blutiges Gewand.
Von ewigem Frieden spricht Hunger auf allen Wegen.

Siebenmal verbeugt sich vor mir der Tod,
Spricht mit versteinten Lippen von Unschuld und Gewalt.
Zum eignen Begräbnis fliegt ein Vogel rot.
Sinnlos wird mir meine Menschengestalt.

דער אָנהייב

אין קעלער, אונטער פֿאַרהאַסטע נאַכטלעכע טויערן,
איז ווידער אַ הייליקער צווישן אונדז געבוירן.
– שטיל טאַנצן מלאכים אויף ברודיקע גאַסן.

דעם הייליקן קומען באַגריסן צוועלף אײַזערנע קריגער,
מיט הייסע ליפּן בעט יעדער: »מאַך מיך פֿאַרן זיגער«.
– אין בלינדע פֿענצטער זעט מען שטערן דערבלאַסן.

אין קילע הענט טראָגט יעדער אַ שוואַרצן בעכער,
פֿינצטער פֿיבערן זייערע אויגן ווי תהומיקע לעכער.
– אַ שאַקאַל איז חושכדיק לעבן זיי פֿאַרבײַגעצויגן.

אין יעדן בעכער גיסט דער הייליקער פֿון גלויבן אַ טראָפּן.
שאָטנדיקע מאַמעס מיט ווײַסע פֿינגער אין די פֿענצטער קלאַפּן.
– טיף האָט זיך דער שאַקאַל פֿאַר די קריגער פֿאַרבויגן.

DER ONHEJB

in keler, unter farhasste nachtleche tojern,
is wider a hejliker zwischn unds gebojrn.
– schtil tanzn malochim ojf brudike gassn.

dem hejlikn kumen bagrissn zwelf ajserne kriger,
mit hejsse lipn bet jeder: »mach mich farn siger«.
– in blinde fenzter set men schtern derblassn.

in kile hent trogt jeder a schwarzn becher,
finzter fibern sejere ojgn wi tehomike lecher.
– a schakal is chojschechdik lebn sej farbajgezojgn.

in jedn becher gisst der hejliker fun glojbn a tropn.
schotndike mamess mit wajsse finger in di fenzter klapn.
– tif hot sich der schakal far di kriger farbojgn.

DER ANFANG

Im Keller, unter verhaßten nächtlichen Toren
Ist wieder ein Heiliger unter uns geboren.
– Still tanzen Engel auf den schlammigen Straßen.

Den Heiligen begrüßen zwölf eiserne Krieger,
Mit heißen Lippen betet jeder: »Mach mich zum Sieger!«
– In blinden Fenstern sieht man Sterne erblassen.

In kühlen Händen tragen sie schwarze Becher,
Fiebern aus Abgründen finstrer Augenlöcher.
– Ein Schakal huscht vorbei, düster und fahl.

Der Heilige träufelt in die Becher Glaubenstropfen,
Da Schatten-Mütter mit weißen Fingern ans Fenster klopfen.
– Vor den Kriegern verbeugt sich tief der Schakal.

מלחמה

אין דאָרשט ליגן פארשטיינערט די פעלדער.
ברויין זשאַווערט דער אַקער פאַר דעם שטאָל.
מיט פלאַמען און רויך אָטעמען די וועלדער.
די שווערע וואָלקנס שפּייען ווי מיט גאַל.

קינדער זוכן די אייגענע אויגן אין בלוט,
אין אַשיקע תכריכים הילט זיי יעדע גאַס.
מאַמעס וואַכן אויף פון שגעונדיקער גלוט
און ווערן פון טיפן צער קיל און בלאַס.

נשמות שטייגן אויף צו אַ צעריסענעם הימל
און קריצן דאָרט אײַן היעראָגליפן פון נויט –
זיי רייסן קריעה אין שטערן פון הימל
מיט קאַלטע פינגער פון נאַכט און פון טויט.

MILCHOME

in dorscht lign farschtejnert di felder.
brojn shawert der aker far dem shtal.
mit flamen un rojch otemen di welder.
di schwere wolknss schpajen wi mit gal.

kinder suchn di ejgene ojgn in blut,
in aschike tachrichim hilt sej jede gass.
mamess wachn ojf fun schigo'endiker glut
un wern fun tifn zar kil un blass.

neschomess schtajgn ojf zu a zerissenem himl
un krizn dort ajn hieroglifn fun nojt –
sej rajssn krie in schtern fun himl
mit kalte finger fun nacht un fun tojt.

KRIEG

In Durst versteint liegen die Felder.
Braun rostet der Acker vor dem Stalle.
Flammen und Rauch atmen die Wälder.
Die schweren Wolken speien Galle.

Kinder suchen die eignen Augen im Blut,
Die Straße hüllt sie in die Aschehemden von Leichen.
Mütter erwachen von irrer Glut
Und müssen in tiefem Schmerz verbleichen.

Seelen steigen auf in einen zerrissenen Himmel,
Eingravierend die Hieroglyphen der Not –
Sie reißen Trauer in die Himmelssterne
Mit Fingern, die eisig sind von Nacht und Tod.

אין־סופיק פֿאַרזינקען תקופות און צײַט.
הונגעריקע װאָגלען אין חשכות דורך נעכט —
אין פֿינצטערן שטאָלץ רופֿן מלאכים פֿון װײַט
די שטאַרבנדיקע קריגער צום לעצטן געפֿעכט.

פֿון דונער און בליץ דער צעפֿלאַמטער װינט
הילט אַרום די ערד מיט פֿײַער־טליתים
און שװײַגנדיק װאַרט ער, ביז עס צערינט
דער לעצטער זיפֿץ פֿון די מתים.

ejn-ssofik farsinken tkufess un zajt.
hungerike woglen in chaschchess durch necht –
in finztern schtolz rufn malochim fun wajt
di schtarbndike kriger zum leztn gefecht.

fun duner un bliz der zeflamter wint
hilt arum di erd mit fajer-talejssim
un schwajgndik wart er, bis ess zerint
der lezter sifz fun di mejssim.

Unendlich versinken uns Epochen und Zeit.
Hungrige streunen im Dunkeln durch die Nächte –
In finsterem Stolz rufen Engel von fern
Die sterbenden Krieger zum letzten Gefechte.

Blitz und Donner, ein Flammenwind hat die Erde
In Gebetsmäntel aus Feuer gehüllt,
Und er wartet schweigend, bis der letzte
Seufzer der Toten verklungen ist und gestillt.

מײן מאַמע

מײן שװעסטער עטקע און אלע ניט־דערמאַנטע דערמאָרדעטע שװעסטערן

א

שװעסטער, װען דײן האַנט
לעשט לבנה אױס,
שטײגט פֿון אַ פֿראָסטיקן קבר
אונדזער מאַמע אַרױס.

זענען אירע טריט
אזױ שטיל געװאָרן —
װי דאָס קאַלטע שװײגן
אינעם שװאַרצן קאָרן.

פֿון אירע װײסע תכריכים
רינט אַן אוראַלט קלאָגן —
גרין לאַכט הינטער איר
טאָרקװעמאַדאַ אין זײן װאָגן.

גלאָזיק צעפֿאַלט זײן געלעכטער
אין פֿאַרלאָזענעם װאַלד —
פֿינצטער פֿון יעדן קבר
ברענט אַן אַנדער געשטאַלט,

און סקעלעטיש ציִען זײ
אײביק דורך די נעכט;
זײערע שטערנס קושט די מאַמע:
»גאָט און זײן משפט איז גערעכט.«

MAJN MAME

majn schwesster etke un ale nit-dermonte dermordete schwesstern

I

schwesster, wen dajn hant
lescht lewone ojss,
schtajgt fun a frosstikn kejwer
undser mame arojss.

senen ire trit
asoj schtil geworn —
wi doss kalte schwajgn
inem schwarzn korn.

fun ire wajsse tachrichim
rint an uralt klogn —
grin lacht hinter ir
torkwemada in sajn wogn.

glosik zefalt sajn gelechter
in farlosenem wald —
finzter fun jedn kejwer
brent an ander geschtalt,

un sskeletisch zien sej
ejbik durch di necht;
sejere schternss kuscht di mame:
»got un sajn mischpet is gerecht.«

MEINE MUTTER

Meiner Schwester Etke und allen andern ermordeten Schwestern

I
Wenn, Schwester, von deiner Hand
Der Mond sein Licht verlor,
Steigt unsre Mutter
Aus frostigem Grab empor.

Ihre stillen Tritte
So verlorn
Wie das kalte Schweigen
Im schwarzen Korn.

Von ihrem weißen Totenhemd
Rinnt uraltes Klagen –
Grün lacht hinter ihr
Torquemada in seinem Wagen.

Sein Lachen zerbirst wie Glas
Im verlassenen Wald –
In jedem Grabe brennt finster
Eine Menschengestalt.

Als Skelette gehen sie um
Ewig in den Nächten.
Mutter küßt ihre Stirn
Und hofft auf Gott den Gerechten.

ב

אויס די וועלדער פֿון טויטע ביינער, פֿון זייער גרויליקער מיט,
קומט מיין מאַמע צווישן שוואַרצע מלאכים מיט אירע פֿאַרלאָשענע טריט.
פֿאַר מיין טיר ווייסע טעפיכער שפרייט זי אויס.

קיל רוט איר שטערן אין נאַכטס זילבערנע הענט.
אויף אַ פֿעלד גליווערט שוועסטער שטום און געשענדט.
אַ ברוינע היענע, געזעטיקט, וואַקלט אין ווייט אַרויס.

און די שטערן גליען ווייס און קאַלט,
איבער שוועסטער און היענע ציטערט גאָטס געשטאַלט –
מיט בלויע ליפן רעדט פֿון ליבע אַ פֿאַרגאַזטער ייִד.

טיף און קרישטאָל־רייַן רינט שווייגן איבערן פֿעלד.
נאַכט האָט פֿון שוועסטערס ברוסט זיך טרינקען געשטעלט –
וויינענדיק זינגט די מאַמע אַ טרויעריק ליד.

2

ojss di welder fun tojte bejner, fun sejer grojliker mit,
kumt majn mame zwischn schwarze malochim mit ire farloschene trit.
far majn tir wajsse tepicher schprejt si ojss.

kil rut ir schtern in nachtss silberne hent.
ojf a feld gliwert schwesster schtum un geschendt.
a brojne hiene, gesetikt, waklt in wajt arojss.

un di schtern glien wajss un kalt,
iber schwesster un hiene zitert gotss geschtalt –
mit bloje lipn redt fun libe a fargaster jid.

tif un krischtol-rejn rint schwajgn ibern feld.
nacht hot fun schwessterss brusst sich trinken geschtelt –
wejnendik singt di mame a trojerik lid.

2
Aus Skelett-Wäldern, aus ihrer gräßlichen Mitte
Kommt Mutter zwischen schwarzen Engeln, mit erloschnem Schritte,
Rollt vor meiner Tür weiße Teppiche aus.

Kühl ruht ihre Stirn in den silbernen Händen der Nacht.
Draußen erstarrt die Schwester, geschändet und stumm gemacht.
Satt wankt die braune Hyäne ins Weite hinaus.

Und die Gestirne glühen weiß und kalt,
Über Schwester und Hyäne flirrt die Gottgestalt –
»Liebe« sagt ein vergaster Jud mit blauen Lippen, sehr leise,

Da Schweigen kristallrein über die Felder rinnt.
An der Brust meiner Schwester saugt die Nacht wie ein Kind –
Weinend singt die Mutter eine traurige Weise.

דאָס געטאָ ברענט

זענען אויפגעריסן אַלע טירן,
אויפגעפּראַלט אַלע פענצטער;
אין די בלויע פליגל פון ווינט
לאַכן רויטע געשפּענסטער:
– דאָס געטאָ ברענט, דאָס געטאָ ברענט!

איז מיין טויטער שוועסטערס שאָטן
קיל דורך מיינע אויגן
צו דער קאַלטער גרינער לבנה
מיט איר ברענענדיק קינד געפלויגן:
– דאָס געטאָ ברענט, דאָס געטאָ ברענט!

האָט די נאַכט מיט שוואַרצע מעסערס
געשניטן ברוסטן פון מיין מאַמען,
מיט איר פאַרפרוירן בלוט
געוואָלט פאַרלעשן די הייסע פלאַמען:
– דאָס געטאָ ברענט, דאָס געטאָ ברענט!

DOSS GETO BRENT

senen ojfgerissn ale tirn,
ojfgepralt ale fenzter;
in di bloje fligl fun wint
lachn rojte geschpensster:
– doss geto brent, doss geto brent!

is majn tojter schwessterss schotn
kil durch majne ojgn
zu der kalter griner lewone
mit ir brenendik kind geflojgn:
– doss geto brent, doss geto brent!

hot di nacht mit schwarze messerss
geschnitn brusstn fun majn mamen,
mit ir farfrojrn blut
gewolt farleschn di hejsse flamen:
– doss geto brent, doss geto brent!

DAS GETTO BRENNT

Aufgerissen alle Türen,
Aufgestoßen die Fenster;
In den blauen Flügeln des Winds
Lachen rote Gespenster:
– Das Getto brennt, das Getto brennt!

Fliegt der Schatte meiner Schwester
Durch meine Augen blind,
Fliegt zum kalten grünen Mond
Mit ihrem brennenden Kind:
– Das Getto brennt, das Getto brennt!

Und die Nacht, mit schwarzen Messern,
Zerschnitt Mutters Brüste,
Als ob sie mit dem gefrorenen Blut
Die Flammen löschen müßte.
– Das Getto brennt, das Getto brennt!

האָט מיין פאָטער פון אונטער דער ערד
זיין האַרץ אַרויסגעטראָגן,
ווי אַ בליץ געשליידערט עס פאַר גאָט
און צאָרנדיק אָנגעהויבן קלאָגן:
– דאָס געטאָ ברענט, דאָס געטאָ ברענט!

איז מיין ברודערס אייביקער טרויער
געקומען פינצטער צו פליען,
געשטעלט זיך שווייגנדיק פאַר גאָט
אויף זיינע סקעלעטן־קניען:
– דאָס געטאָ ברענט, דאָס געטאָ ברענט!

נאָר ער – ער איז קאַלט און שטום
ווי אייז און גראַניט
און וויקלט די ערד ווי אַ נאַס טוך
אַרום זיינע הייסע טריט:
– און דאָס געטאָ ברענט, און דאָס געטאָ ברענט!

שעפּ איך ווילד דאָס פלאַמענליכט
און טרינק עס פון מיינע הענט,
און שפּיי עס אים דאַן אין געזיכט,
און וויין און שריי:
– גוט אַז עס ברענט! גוט אַז עס ברענט!

hot majn foter fun unter der erd
sajn harz arojssgetrogn,
wi a bliz geschlajdert ess far got
un zorndik ongehojbn klogn:
– doss geto brent, doss geto brent!

is majn bruderss ejbiker trojer
gekumen finzter zu flien,
geschtelt sich schwajgndik far got
ojf sajne sskeletn-knien:
– doss geto brent, doss geto brent!

nor er – er is kalt un schtum
wi ajs un granit
un wiklt di erd wi a nass tuch
arum sajne hejsse trit:
– un doss geto brent, un doss geto brent!

schep ich wild doss flamenlicht
un trink ess fun majne hent,
un schpaj ess im dan in gesicht,
un wejn un schraj:
– gut as ess brent! gut as ess brent!

Hat mein Vater tief aus der Erd
Sein Herz heraufgetragen,
Wirft es wie einen Blitz vor Gott,
Um zornig anzuklagen:
– Das Getto brennt, das Getto brennt!

Und da: schon fliegt es finster herbei,
Stellt sich schweigend vor Ihn,
Meines Bruders ewiges Leid
Auf seinen knöchernen Knien:
– Das Getto brennt, das Getto brennt!

Doch Er bleibt weiter kalt und stumm
Wie Eis und Felsgestein,
Hüllt in Erde wie nasses Tuch
Seine heißen Füße ein:
– Und das Getto brennt! Und das Getto brennt!

Schöpfe ich wild das Flammenlicht,
Trinks aus der Hand, und spei
Es ihm in sein hohes Angesicht
Und weine und schrei:
– Gut, daß es brennt! Gut daß es brennt!

מען פירט זיי צום שחיטה-פּלאַץ

פֿון דער ס. ס. אַרומגערינגלט גייען זיי שװײַגנדיק
איבער די װאַרשעװער גאַסן צום שחיטה-פּלאַץ.

אַכזריותדיקע רו – װי שטיל איר גייט,
גאָר ניט רירט זיך מער אונטער אײַער טריט;
אױף דער ערד װאָס ליגט קאַלט און גרייט,
ציט די פֿאַרלאָזנקײט מיט אײַך װי אַ גואל מיט.

גאָר ניט רירט זיך מער אונטער אײַער טריט.
טונקל רינט נאָר אַן אוראַלט שטיל געװײן.
אַ מידבר-זון ברענט נאָך אײַערע לעצטע טריט;
װאַסער שלאָגט קיינער מער ניט פֿון אַ שטיין.

טונקל רינט נאָר אַן אוראַלט שטיל געװײן
אין דעם זכרון. און אַ לאַנגע טױטנדיקע שלאַכט
גיסט שװער אין דער ייִנגסטער צײַט אַרײַן
דעם קאַלטן אָטעם פֿון טױזנטיאָריקער נאַכט.

MEN FIRT SEJ ZUM SCHCHITE-PLAZ

*fun der ss. ss. arumgeringlt gejen sej schwajgndik
iber di warschewer gassn zum schchichte-plaz.*

achsorjessdike ru – wi schtil ir gejt,
gor nit rirt sich mer unter ajer trit;
ojf der erd woss ligt kalt un grejt,
zit di farlosnkejt mit ajch wi a gojel mit.

gor nit rirt sich mer unter ajer trit.
tunkl rint nor an uralt schtil gewejn.
a midber-sun brent noch ajere lezte trit;
wasser schlogt kejner mer nit fun a schtejn.

tunkl rint nor an uralt schtil gewejn
in dem sikorn. un a lange tojtndike schlacht
gisst schwer in der jingsster zajt arajn
dem kaltn otem fun tojsntjoriker nacht.

MAN FÜHRT SIE ZUM UMSCHLAGPLATZ

Von der SS umzingelt, gehn sie schweigend
über die Warschauer Straßen zum Umschlagplatz

Grausame Ruh – ach, wie geht ihr so still,
Nichts rührt sich mehr unter euerm Schritt;
Auf der Erde – sie liegt ergeben und kalt –
Zieht Einsamkeit wie ein Erlöser mit.

Nichts rührt sich mehr unter euerm Schritt.
Dunkel rinnt nur ein uralt stilles Weinen,
Als Wüstensonne eure letzten Schritte brennt,
Und keiner schlägt jetzt Wasser aus den Steinen.

Dunkel rinnt nur ein uralt stilles Weinen
Ins Gedächtnis. Eine lange, blutige Schlacht
Gießt schwer auch in die jüngste Zeit
Den kalten Atem tausendjähriger Nacht.

אין דעם זכרון ברענט אַ לאַנגע טויטנדיקע שלאַכט
אין שטעט וואָס דאָס לעבן טוט פֿאַרמײַדן –
אוי גאָט! עס איז דעם תּליונס דאָרשט דערוואַכט
און וויל מיט אונדזער בלוט זיך ניט צעשײדן,

אין שטעט וואָס דאָס לעבן טוט פֿאַרמײַדן –
אין־סופֿיקע טרויער – ווער זאָל אונדז פֿאַרגעבן?
מוז איך אַ לעצטער בײַזײַן, ווען זײ פֿון לעבן שײדן,
און נאָך צוזינגען צו זײער נאַקעטן באַגרעבן?

אין־סופֿיקע טרויער – ווער זאָל אונדז פֿאַרגעבן?
גאָר ניט רירט זיך מער אונטער זײערע טריט –
ווי אַ שוואַרצער טײַך ליגט די ערד, אָן לעבן;
שפּאַנט ישו צווישן אײַך איצט אין אײַער מיט? ...

in dem sikorn brent a lange tojtndike schlacht
in schtet woss doss lebn tut farmajdn –
oj got! ess is dem taljenss dorscht derwacht
un wil mit undser blut sich nit zeschejdn,

in schtet woss doss lebn tut farmajdn –
ejn-ssofike trojer – wer sol unds fargebn?
mus ich a lezter bajsajn, wen sej fun lebn schejdn,
un noch zusingen zu sejer naketn bagrebn?

ejn-ssofike trojer – wer sol unds fargebn?
gor nit rirt sich mer unter sejere trit –
wi a schwarzer tajch ligt di erd – on lebn;
schpant jischu zwischn ajch izt in ajer mit?...

Im Gedächtnis brennt eine lange, blutige Schlacht
In Städten, die das Leben meidet –
O Gott! Des Henkers Gierde ist geweckt:
Wie er sich an unserm Blute weidet!

Und in Städten, die das Leben meidet:
Unendliche Trauer – und wer soll uns verzeihn?
Muß ich als letzter dabeisein, wenn sie ihr Leben geben,
Muß ihr nacktes Begräbnis besungen sein?

Unermeßliche Trauer – wer soll uns verzeihn?
Nichts rührt sich mehr unter ihrem Schritt,
Wie ein schwarzer Fluß liegt die Erde – ohne Leben.
Geht jetzt, in eurer Mitte, Jesus mit?

מיין פֿאָלק

אָ, פֿאַרלאָשענער בליק,
טונקל, קבֿרימדיק פֿאַרשטומען;
ווער גיט דיר דאָס ליכט צוריק
וואָס מען האָט דיר צוגענומען?

אונדזער אונטערגאַנג צעשטראַלט
אַ ים פֿון שוויַיגן,
שטילער נאָך ווי ווען עס פֿאַלט
אַ בלאַט פֿון די צוויַיגן.

שטילער – שטילער –

אָ, פֿאַרלאָשענער בליק,
אַלע הימלען פֿאַרטונקלט דיַין צער;
יעדע רגע פֿירט אונדז צוריק
צו אַ פֿאַרשטיינערטן גלות־האַר.

מיר ליגן צעשפּרייט
ווי שטערנדיקער שטויב אין ווינט,
פֿון אונדזערע ליפּן שריַיט
דאָס בלוט נאָך בשעת סע רינט;

שטילער – שטילער –

MAJN FOLK

o, farloschener blik,
tunkl, kworimdik farschtumen;
wer git dir doss licht zurik
woss men hot dir zugenumen?

undser untergang zeschtralt
a jam fun schwajgn,
schtiler noch wi wen ess falt
a blat fun di zwajgn.

schtiler – schtiler –

o, farloschener blik,
ale himlen fartunklt dajn zar;
jede rege firt unds zurik
zu a farschtejnertn goless-har.

mir lign zeschprejt
wi schterndiker schtojb in wint,
fun undsere lipn schrajt
doss blut noch beschass sse rint;

schtiler – schtiler –

MEIN VOLK

O erloschener Blick,
Grabstumm und fahl;
Wer gibt dir das Licht zurück,
Das man dir stahl?

Um unseren Untergang wogt
Ein Meer von Schweigen.
So still fällt kein Blatt
Von den Zweigen.

Stiller – stiller –

O erloschener Blick!
Alle Himmel verdunkelt dein Leid;
Jeder Augenblick führt uns zurück
In Exil-Verlorenheit.

Wie Sternenstaub im Wind
Liegen wir hingestreut,
Von unsern Lippen rinnt
Das Blut, und schreit

Stiller – stiller –

אָ, פֿאַרלאָשענער בליק,
צערונען װי דער נאַכטיקער מאָן,
װער גיט דיר ס'ליכט צוריק
װאָס כישופֿט דיך פֿון בראשית אָן?

די געטאָ־שרעק ברענט
אױף ליפּן פֿון אַ דערמאָרדעט קינד
און פֿעלקער טראָגן אין הענט
דעם קאַלטן רױך פֿון מיטנאַכט־װינט

און ציען פֿינצטער פֿאַרבײַ
פֿאַר אונדזער לאַנג און הײס געבעט,
װי פֿאַר שטורעם־געשרײַ
אין פֿאַרפּױלטע חורבות פֿון שטעט –

שטילער – שטילער –

אָ, פֿאַרלאָשענער בליק,
אױסגעטונקלט פֿון נאַכט און פֿון שפּאָט –
מיר זענען די פֿײַערבריק,
אױפֿגעשפּאַנט צװישן טײַװל און גאָט.

o, farloschener blik,
zerunen wi der nachtiker mon,
wer git dir ss'licht zurik
woss kischeft dich fun berejschess on?

di geto-schrek brent
ojf lipn fun a dermordet kind
un felker trogn in hent
dem kaltn rojch fun mitnacht-wint

un zien finzter farbaj
far undser lang un hejss gebet,
wi far schturem-geschrej
in farfojlte churwess fun schtet –

schtiler – schtiler –

o, farloschener blik,
ojssgetunklt fun nacht un fun schpot –
mir senen di fajerbrik,
ojfgeschpant zwischn tajwl un got.

O erloschener Blick,
Der wie nächtlicher Mohn zerrann.
Wer gibt dir das Licht zurück,
Seinen Zauber von Urzeit an?

Getto-Schreck brennt auf Lippen
Eines ermordeten Kinds,
Völker tragen den kalten
Rauch des Mitternachtwinds,

Ziehn finster vorbei an unsern
Lang und heißen Gebeten
Wie vor Sturmgeschrei
In vermodernden Trümmer-Städten –

Stiller – stiller –

O erloschener Blick,
Verdunkelt von Nacht und Spott –
Wir sind die Feuerbrücke
Zwischen Teufel und Gott.

מיר קענען אייך

טריט אין בלוטיקן נעפל, גלעזערנע שלעסער אין ווינט,
מיר קענען אייך אין פֿאַרכישופטן גלותדיקן לאַבירינט.

בלאָנדזשען מיר פֿאַרגעסן אין פֿאַרלאָשענעם גאָרטן – נאַכט,
װוּ אין קאַלטן לבֿנה־שײַן אונדזער פֿאַרלאָזנקייט װאַכט.

װוּ אין אונדזער קלאָגן פֿאַרלעשן זיך תקופֿות און צײַט
און מיר זענען צװישן פֿעלקער די גרויסע איינזאַמקייט;

װוּ אונדזער לעבן ברענט אויף שײַטער־הויפֿן אײן־סופֿיק שטיל,
און מיר זענען דער טראָפּן װאָס איז אין בעכער צו פֿיל.

דו, װאָס אַ יעדנס גורל פֿון דײַן פֿאַרשװיגענער האַנט פֿאַלט,
אַנטפּלעק נאָך אײן מאָל דעם מענטשן אין דײַן אמתדיק געשטאַלט.

װען דער אמת און שקר מישן זיך װי דאָס דעמערדיקע ליכט;
װען אונדזערע מתים רופֿן די פֿעלקער צו דײַן גרויס געריכט;

MIR KENEN AJCH

trit in blutikn nepl, gleserne schlesser in wint,
mir kenen ajch in farkischeftn golessdikn labirint.

blondshen mir fargessn in farloschenem gortn – nacht,
wu in kaltn lewone-schajn undser farlossnkejt wacht.

wu in undser klogn farleschn sich tkufess un zajt
un mir senen zwischn felker di grojsse ejnsamkejt;

wu undser lebn brent ojf schajter-hojfn ejn-ssofik schtil,
un mir senen der tropn woss is in becher zu fil.

du, woss a jednss gojrl fun dajn farschwigener hant falt,
antplek noch ejn mol dem mentschn in dajn emessdik geschtalt.

wen der emess un scheker mischn sich wi doss demerdike licht;
wen undsere mejssim rufn di felker zu dajn grojss gericht;

WIR KENNEN EUCH

Schritte in blutigem Nebel, gläserne Schlösser im Wind,
Wir kennen euch im verhexten Diaspora-Labyrinth.

Wir irren vergessen in verloschnem Garten – Nacht,
Wo in kaltem Mondlicht unsre Verlassenheit wacht.

Und in unsern Klagen verlöschen Epochen und Zeit,
Sind wir unter den Völkern die große Einsamkeit.

Unser ewig-stilles Leben, auf brennende Scheiter gehäuft.
Wir sind der Tropfen, von dem der Becher überläuft.

Schweigend hältst du jedes Schicksal in deiner Gewalt –
Zeig noch einmal den Menschen in deiner wahren Gestalt.

Wenn sich Wahrheit und Lüge mischen wie Dämmerlicht,
Wenn unsre Toten die Völker rufen zum großen Gericht,

ווען אונדזער לאַכן ווערט שוין אין געבוירן פֿאַרשטיינט;
ווען אין זייערע אויגן תמיד דער קין־צייכן שיינט –

לעבן מיר נאָך מיט דיין בראשיתדיקן וואָרט פֿאַרבונדן
און צינדן יעדעס אות אין בלוט פֿון אונדזערע וווּנדן –

טריט אין בלוטיקן נעפּל, שווינדלדיקע בריקן אין ווינט –
מיר קענען אײַך אין אייביק־גלותדיקן פֿעלקער־לאַבירינט.

wen undser lachn wert schojn in gebojrn farschtejnt;
wen in sejere ojgn tomed der kajin-zejchn schajnt –

lebn mir noch mit dajn berejschessdikn wort farbundn
un zindn jedess oss in blut fun undsere wundn –

trit in blutikn nepl, schwindldike brikn in wint –
mir kenen ajch in ajsik-golessdikn felker-labirint.

Wenn bei der Geburt schon unser Lachen versteint,
Wenn in ihren Augen das Zeichen des Kain erscheint –

Leben wir noch, mit deinem Schöpfungs-Wort verbunden
Und zünden jede Letter im Blut unsrer Wunden –

Schritte in blutigem Nebel, schwindelnde Brücken im Wind –
Wir kennen euch im eisig-fremden Völker-Labyrinth.

טויט און ווידערגעבורט

האָסט מורא?
שעכט װײַטער און טויט!
איז דײַן מעסער טעמפּ?
לאָז עס שאַרפֿן!
שנײַד מײַנע אָדערן אויס
און שפּאַן זײ אויף דײַן געװער
װי אויף האַרפֿן —
און הילך װי טויזנטער אָרגלען
און טרומײטער און שאַל:
די ייִדן זענען פֿון גראַניט!
די ייִדן זענען פֿון שטאָל!

האָסט מורא?
זע, פֿון בלויען באַרג
קומט משה —
אויף זײַן שטערן טראָנט די זון,
זײַן בליק רויט איבער אָקעאַנען!
יאָרטויזנטער רוישן אין זײַן בלוט,
זײַנע װערטער פֿלאַטערן
װי רויטע פֿאָנען!
זע, דאָרט קומט די מוטער רחל
פֿון טונקעלן ברונעם,
אין איר בלײכער האַנט
דער זילבערקרוג;
און דאָס דעמערדיקע ליכט
ציטערט פֿאַרחלומט איבער יוספֿס װיג —

TOJT UN WIDERGEBURT

hosst mojre?
schecht wajter un tojt!
is dajn messer temp?
los ess scharfn!
schnajd majne odern ojss
un schpan sej ojf dajn gewer
wi ojf harfn —
un hilch wi tojssnter orglen
un trumejter un schal:
di jidn senen fun granit!
di jidn senen fun schtol!

— hosst mojre?
se, fun blojen barg
kumt mojsche —
ojf sajn schtern tront di sun,
sajn blik rut iber okeanen!
jortojsnter rojschn in sajn blut,
sajne werter flatern
wi rojte fonen!
se, dort kumt di muter rochel
fun tunkeln brunem,
in ir blejcher hant
der silberkrug;
un doss demerdike licht
zitert farcholemt iber jossefss wig —

Hast du Angst?
Schlachte und morde!
Ist dein Messer stumpf?
Wetze es!
Schneid meine Adern heraus,
Spann sie auf dein Gewehr
Wie auf Harfen –
Dröhne wie tausend Orgeln
Und trompete und schrei:
Die Juden sind aus Granit!
Die Juden sind aus Stahl!

Hast du Angst?
Siehe, vom blauen Berg
Kommt Moses –
Auf seiner Stirn thront die Sonne,
Sein Blick ruht auf Ozeanen,
Jahrtausende rauschen in seinem Blut,
Seine Worte flattern
Wie rote Fahnen!
Siehe, dort kommt Mutter Rachel
Vom dunklen Brunnen,
In ihrer bleichen Hand
Der Silberkrug;
Und das dämmrige Licht
Zittert verträumt über Josefs Wiege –

שעכט זיי, טויט זיי!
איז דיין מעסער טעמפּ?
לאָז עס שאַרפֿן!
הערסט – דוד שפּילט
אויף זיינע צויבערהאַרפֿן;
און די נאַכט ציטערט בלוי
און די נאַכט ציטערט שטיל
און אַ טונקעלער וואָלקן
ציטערט איינזאַם און קיל.
דערווערג אים,
זאָל ער שטאַרבן!
זאָל זיין רויט בלוט
וווּנדערלעכע נעכט דורכפֿאַרבן!

זיי קומען ווידער!
פֿון אַלע ערדטיילן,
פֿון אַלע עקן;
איינער טראָגט ווייסע ליכט,
אַן אַנדערער דעם וואַנדער-שטעקן –
אין משהס האַנט
צאַפּלט די ערדקויל ווי אַ האַרץ;
מיט דער צווייטער שפּאַלט ער ימען;
יוסף קומט פֿון גרוב אַרויס
און הערט די ווייכע טריט
פֿון זיין מאַמען –

טויט זיי נאָך אַ מאָל,
נאָך צוועלף מאָל טויט זיי!
גענוגט דיין מעסער ניט?
נעם קאַנאָנען!
נעם גיפֿט!
נעם גאַז!
נעם גראַנאַטן!

schecht sej, tojt sej!
is dajn messer temp?
los ess scharfn!
hersst – dowid schpilt
ojf sajne zojberharfn;
un di nacht zitert bloj
un di nacht zitert schtil
un a tunkeler wolkn
zitert ejnsam un kil.
derwerg im,
sol er schtarbn!
sol sajn rojt blut
wunderleche necht durchfarbn!

sej kumen wider!
fun ale erdtejln,
fun ale ekn;
ejner trogt wajsse licht,
an anderer dem wander-schtekn –
in mojschess hant
zaplt di erdkojl wi a harz;
mit der zwejter schpalt er jamen;
jossef kumt fun grub arojss
un hert di wejche trit
fun sajn mamen –

tojt sej noch a mol,
noch zwelf mol tojt sej!
genugt dajn messer nit?
nem kanonen!
nem gift!
nem gas!
nem granatn!

Schlachte sie, töte sie!
Ist dein Messer stumpf?
Wetze es!
Hörst du, David spielt
Auf seiner Zauberharfe;
Und die Nacht zittert blau
Und still
Und eine dunkle Wolke
Bebt kühl und einsam.
Erschlag ihn,
Soll er sterben!
Soll sein Blut
Wunderbare Nächte röten!

Sie kommen wieder:
Aus allen Erdteilen,
Von allen Orten,
Einer trägt ein weißes Licht,
Ein anderer den Wanderstock –
In Moses Hand
Zuckt die Erdkugel wie ein Herz;
Mit der andern teilt er Meere.
Josef kommt aus der Grube
Und hört die weichen Schritte
Seiner Mutter –

Töte sie noch einmal,
Noch zwölfmal töte sie!
Reicht dein Messer nicht aus?
Nimm Kanonen!
Nimm Gift!
Nimm Gas!
Nimm Granaten!

זיי קומען ווידער –
דער יונגער זון,
פירט דעם אַלטן טאַטן;
זיי גייען ניט,
זיי שוועבן –
אין יעדן גליט ניי
זיין גערויבט לעבן!
און דורך בריקן,
אויף נעפּל געשפּאַנט,
זייערע טריט רוישן
פֿון לאַנד צו לאַנד.
אָ, דיינע שטיינערנע ווענט,
דיין טויטע שרעק –
טויזנט מאָל רוף איך דיר צו:
וואַרשע און מאַידאַנעק! –

האָסט מורא?
שעכט ווייטער און טייט!
איז דיין מעסער טעמפּ?
לאָז עס שאַרפֿן!
שנייד מיינע אָדערן אויס
און שפּאַן זיי אויף דיין געווער
ווי אויף האַרפֿן
און הילך ווי טויזנטער אָרגלען
און טרומייטער און שאַל:
די יידן זענען פֿון גראַניט!
די יידן זענען פֿון שטאָל!

sej kumen wider –
der junger sun,
firt dem altn tatn;
sej gejen nit,
sej schwebn –
in jedn glit naj
sajn gerojbt lebn!
un durch brikn,
ojf nepl geschpant,
sejere trit rojschn
fun land zu land.
o, dajne schtejnerne went,
dajn tojte schrek –
tojssnt mol ruf ich dir zu:
warsche un majdanek! –

hosst mojre?
schecht wajter un tojt!
is dajn messer temp?
los ess scharfn!
schnajd majne odern ojss
un schpan sej ojf dajn gewer
wi ojf harfn
un hilch wi tojssnter orglen
un trumejter un schal:
di jidn senen fun granit!
di jidn senen fun schtol!

Sie kommen wieder –
Der junge Sohn
Führt den alten Vater,
Sie gehn nicht,
Sie schweben –
In jedem glüht
Sein geraubtes Leben!
Und auf Brücken,
Über den Nebel gespannt,
Rauschen ihre Schritte
Von einem Land zum andern.
O deine steinernen Wände,
Dein totes Entsetzen –
Tausendmal ruf ich dir zu:
Warschau und Majdanek!

Hast du Angst?
Schlachte und morde!
Ist dein Messer stumpf?
Wetze es!
Schneid meine Adern heraus,
Spann sie auf dein Gewehr
Wie auf Harfen –
Dröhne wie tausend Orgeln
Und trompete und schrei:
Die Juden sind aus Granit!
Die Juden sind aus Stahl!

קוים זע איך דיין שטיינערן פנים
צווישן פארסמטע ברענענדיקע שטעט,
פארפרירט אויף די ליפן מיין געבעט –
קוים זע איך דיין שטיינערן פנים :
דו ברוינע גלוסט פון וראלטן וואלד,
פינצטערער דראכן דו, אין טויטס געשטאלט –

קוים זע איך דיין שטיינערן פנים,
דערציילט דיין לאכן ווי א קרומע שווערד
פון אייביקער ליבע אויף דער געדולדיקער ערד –
קוים זע איך דיין שטיינערן פנים:
דו בלוטיקע לעגענדע, פעלקערס אייביקער טרויער,
צוועלף מאָל געקרייציקטער ישו אויף דיין טויער –

קוים זע איך דיין שטיינערן פנים,
נאָגן ס'בלוט פון אונדזערע אויגן שפינען,
לאָזן עס דורך דיינע גרינע אָדערן רינען –
קוים זע איך דיין שטיינערן פנים :
קלאָגן דיינע זין ווי גערייצטע שלאַנגען.
דורך וועמענס חלום איז מאַידאַנעק געגאַנגען?

KOJM SE ICH DAJN SCHTEJNERN PONEM

kojm se ich dajn schtejnern ponem
zwischn farssamte brenendike schtet,
farfrirt ojf di lipn majn gebet –
kojm se ich dajn schtejnern ponem:
    du brojne glusst fun uraltn wald,
    finzterer drachn du, in tojtss geschtalt –

kojm se ich dajn schtejnern ponem,
derzejlt dajn lachn wi a krume schwerd
fun ejbiker libe ojf der geduldiker erd –
kojm se ich dajn schtejnern ponem:
    du blutike legende, felkerss ejbiker trojer,
    zwelf mol gekrejzikter jischu ojf dajn tojer –

kojm se ich dajn schtejnern ponem,
nogn ss'blut fun undsere ojgn schpinen,
losn ess durch dajne grine odern rinen –
kojm se ich dajn schtejnern ponem:
    klogn dajne sin wi gerejzte schlangen.
    durch wemenss cholem is majdanek gegangen?

Kaum seh ich dein steinern Gesicht
Mitten im Gift der brennenden Städte,
Erfriern auf den Lippen meine Gebete –
Kaum seh ich dein steinern Gesicht:
    Du braune Gier aus uraltem Wald,
    Finsterer Drachen in Todgestalt –

Kaum seh ich dein steinern Gesicht,
Sagt dein Lachen, ein krummes Schwert,
Von ewiger Liebe auf geduldiger Erd –
Kaum seh ich dein steinern Gesicht:
    Blutige Legende, der Völker ewige Trauer,
    Zwölfmal gekreuzigter Jesus am Tor der Mauer –

Kaum seh ich dein steinern Gesicht –
Das Blut aus unsern Augen trinken die Spinnen,
Lassens durch deine grünen Adern rinnen –
Kaum seh ich dein steinern Gesicht:
    Deine Söhne klagen wie gereizte Schlangen.
    Durch wessen Traum ist Majdanek gegangen?

קוים זע איך דיין שטיינערן פנים,
פיבערט די ערד הייס און רויט
ווי דער לאָמפּן־אַבאַזשור פֿון מיין מאַמעס הויט –
קוים זע איך דיין שטיינערן פנים:
דו האָסט פֿון דיין לייב דיינע זין געבוירן,
מיט גליענדיקע ליפּן צום מאָרד זיך באַשוווירן –

קוים זע איך דיין שטיינערן פנים,
דו קין צווישן פֿעלקער, דו גייסט פֿון ס"מ,
זינגט אין גאָרטן פֿון בלוט דער נאַכטיגאַל –
קוים זע איך דיין שטיינערן פנים:
שטראַלנדיק ווי אַ מוטער מיט געשלאָסענע אויגן
פֿון ליבע, האָסטו דיינע זין שוויינגדיק געזויגן,
פֿאָלק דו פֿון אַלע גרעסטע מערדער!

kojm se ich dajn schtejnern ponem,
fibert di erd hejss un rojt
wi der lompn-abashur fun majn mamess hojt –
kojm se ich dajn schtejnern ponem:
   du hosst fun dajn lajb dajne sin gebojrn,
   mit gliendike lipn zum mord sich baschwojrn –

kojm se ich dajn schtejnern ponem,
du kajin zwischn felker, du gajsst fun ss"m,
singt in gortn fun blut der nachtigal –
kojm se ich dajn schtejnern ponem:
schtralndik wi a muter mit geschlossene ojgn
   fun libe, hosstu dajne sin schwajgndik gesojgn,
   folk du fun ale gresste merder!

Kaum seh ich dein steinern Gesicht,
Rotfiebernde Erde – mir graut
Vor dem Lampenschirm aus meiner Mutter Haut –
Kaum seh ich dein steinern Gesicht:
   Aus deinem Leib hast du Söhne geboren,
   Die sich mit glühnden Lippen zum Mord verschworen –

Kaum seh ich dein steinern Gesicht,
Du Kain unter den Völkern, Teufelsbrut,
Im Garten singt die Nachtigall von Blut –
Kaum seh ich dein steinern Gesicht:
Wie eine Mutter, geschloßnen Augs, in Licht gehüllt
   Von Liebe, hast du die Söhne schweigend gestillt,
   Du Mördervolk!

די באַלאַדע פון ישו און אַ יידיש קינד

אָוונטגלאָקן — שוואַרצע אָדלער ציטערן.
געשטאָרבענע נשמות קלאָגן אין ווינט;
אַרומגעהילט פון שקיעהדיקע געוויטערן
שפּאַנט ישו מיט אַ יידיש קינד.

ווי גאָטס אָטעם אונטער זייערע טריט
פיבערט די ערד הייס און שווער;
קיל ווי אַ שאָטן שלייכט נעבן זיי מיט
אַן ס.ס.־מאַן מיטן בלאַנקן געווער.

דודס שטערן אויף ישו'ס ברוסט —
שטיל און טיף איז ער פאַרטראַכט;
ס'טרינקט דאָס קינד די שטערן־גלוסט
וואָס רינט קיל אין דער נאַכט.

DI BALADE FUN JISCHU UN A JIDISCH KIND

owntglokn – schwarze odler zitern.
geschtorbene neschomess klogn in wint;
arumgehilt fun schkiedike gewitern
schpant jischu mit a jidisch kind.

wi gotss otem unter sejere trit
fibert di erd hejss un schwer;
kil wi a schotn schlajcht nebn sej mit
an ss.ss.-man mitn blankn gewer.

dowidss schtern ojf jischu'ss brusst –
schtil un tif is er fartracht;
ss'trinkt doss kind di schtern-glusst
woss rint kil in der nacht.

DIE BALLADE VON JESUS UND DEM JÜDISCHEN KIND

Abendglocken – schwarze Adler zittern.
Gestorbene Seelen klagen im Wind;
Eingehüllt von Abendröte-Gewittern
Geht Jesus mit einem jüdischen Kind.

Wie Gottes Atem unter ihren Schritten
Fiebert die Erde heiß und schwer;
Kühl wie ein Schatten schleicht neben ihnen
Ein SS-Mann mit blankem Gewehr.

Davids Stern auf Jesus' Brust –
Der geht still, in Gedanken versunken;
Indessen hat das Kind in der Kühle der Nacht
Sich an Sternensehnsucht sattgetrunken.

ער נעמט עס ווייך אויף זיינע הענט –
די ערד האַלט איר אָטעם איין;
צוועלף מאָל האָט ער זיך דערקענט
און ביידע לאַכן צום לבנה־שיין.

קיל ווי אַ שאָטן שלייכט נעבן זיי מיט
אַן ס.ס.־מאַן מיטן בלאַנקן געווער;
פון אונטער זיינע אייזערנע טריט
שטייגן טויטע שווייגנדיק אפער.

אין זייערע אַשיקע קיטלען פון ווייטן
קען מען אַ בלויען רויך דערקענען;
ווי שוואַרצע ליכט זייערע אויגן באַגלייטן
ישו'ן מיטן קינד צום פאַרברענען.

er nemt ess wejch ojf sajne hent –
di erd halt ir otem ajn;
zwelf mol hot er sich derkent
un bejde lachn zum lewone-schajn.

kil wi a schotn schlajcht nebn sej mit
an ss. ss.-man mitn blankn gewer;
fun unter sajne ajserne trit
schtajgn tojte schwajgndik afer.

in sajere aschike kitlen fun wajtn
ken men a blojen rojch derkenen;
wi schwarze licht sajere ojgn baglejtn
jischu'n mitn kind zum farbrenen.

Jesus nimmt es weich in seinen Arm –
Die Erde hält ihren Atem an;
Zwölfmal hat er sich bekannt –
Und beide lachen zum Mond hinan.

Kühl wie ein Schatten schleicht neben ihnen
Ein SS-Mann mit blankem Lauf;
Und unter seinen eisernen Tritten
Steigen schweigend Tote herauf.

In ihren fernen Aschekitteln
Steigt blauer Rauch aus dem Gemäuer.
Ihre Augen begleiten, wie schwarze Lichter,
Jesus und das Kind zum Feuer.

אַ קליינע באַלאַדע

אויסגעהויכטע נשמות וואָס פלאַטערן תמיד אין ווינט –
צו אַ ייִדישער מאַמע קומט אין חלום אַ דערמאָרדעט קינד.

ציטערט די מאַמע אויף: דעם קינדס שטערן בלוטיקט רויט,
אין קינדס אויגן שאָטענען אָפענע קברים פון טויט.

זייער שוויַיגן איז אַזוי טיף און גיהנומדיק הייס
און שלאָגט אויף איר שטערן אַרויס שוואַרצע טראָפנס שווייס.

בייגט זי זיך איבער די אשיקע ליפן צו פאַרנעמען אַ הויך,
וויקלט זי אַרום אַ בלויער נעפל פון גאַז און פון רויך.

וויל זי מיט איר לייב וואַרעמען זייַן גרינע הויט,
ציט פון קאַלטן גופעלע אַרויס אַ וואָלקן פון שרויט.

A KLEJNE BALADE

ojssgehojchte neschomess woss flatern tomed in wint –
zu a jidischer mame kumt in cholem a dermordet kind.

zitert di mame ojf: dem kindss schtern blutigt rojt,
in kindss ojgn schotenen ofene kworim fun tojt.

sejer schwajgn is asoj tif un gehenemdik hejss
un schlogt ojf ir schtern arojss schwarze tropnss schwejss.

bejgt si sich iber di aschike lipn zu farnemen a hojch,
wiklt si arum a blojer nepl fun gas un fun rojch.

wil si mit ir lajb waremen sajn grine hojt,
zit fun kaltn gufele arojss a wolkn fun schrojt.

EINE KLEINE BALLADE

Ausgehauchte Seelen, flatternd im Wind –
Zu einer jüdischen Mame kommt im Traum ein ermordetes Kind.

Die Mutter erbebt: die Kinderstirn blutrot,
Im Aug des Kindes Schatten: offene Gräber Tod.

Ihr Schweigen ist so tief und höllenheiß
Und schlägt aus ihrer Stirne schwarze Tropfen Schweiß.

Sie beugt sich über aschene Lippen: hört sie Atemhauch?
Umhüllt von blauem Nebel aus Gas und Rauch.

Wärmt seine grüne Haut mit ihrem Leib; dabei
Steigen aus seinem Körperchen Wolken Blei.

דעם קינדס פינגער צינדן זיך אָן ווי שוואַרצע ליכט,
זייער פלאַם איז פינסטערער ווי פאַר־בראשית־נעכט.

טרערן ווי שוואַרץ־אַפּל פאַלן אויף זיינע קילע האָר
אינעם צעבראָכענעם בעכער פון זיין פאַרסמטן איינציקן יאָר.

וויל די מאַמע שרייען: שמע...! – ווערגט זי איר אייגן קול
און צעגיסט זיך אין פאַרשטיקטן האַלדז ווי הייסער שטאָל.

אַ פינסטערניש צערוישט זיך איבער איר שווערן קאָפּ
וואָס ציט זי מיט קאַלטע הענט אין אָפענע קברים אַראָפּ –

בעט דאָס קינד רחמים ביים שווייגנדיק־קאַלטן טויט:
דערלייז! דערלייז מיין מאַמען פון דער טיפער נויט!

dem kindss finger zindn sich on wi schwarze licht,
sajer flam is finssterer wi far-berejschess-necht.

trern wi schwarz-apl faln ojf sajne kile hor
inem zebrochenem becher fun sajn farssamtn ejnzikn jor.

wil di mame schrajen: schma...! – wergt si ir ejgn kol
un zegisst sich in farschtiktn halds wi hejsser schtol.

a finssternisch zerojsscht sich iber ir schwern kop
woss zit si mit kalte hent in ofene kworim arop –

bet doss kind rachmim bajm schwajgndik-kaltn tojt:
derlejs! derlejs majn mamen fun der tifer nojt!

Die Finger des Kinds wie schwarze Lichte entfacht,
Ihre Flamme ist finsterer als Chaos-Nacht.

Tränen wie Augäpfel falln auf sein kühles Haar,
In den zerbrochnen Becher vom giftigen einzigen Jahr.

Schreit die Mutter: Höre…! gewürgt vom eigenen Schrei,
Der sich im Hals ergießt wie glühender Eisenbrei.

Finsternis rauscht auf ihren schweren Kopf herab
Und stürzt sie mit kalter Hand ins offene Grab –

Fleht das Kind den schweigenden kalten Tod:
Erlöse meine Mutter aus tiefer Not!

DERINERUNG

derinerung – kalter schpigl,
groje schotnss un nacht;
a weg ojf rojchike fligl
hobn sej zum himl gemacht.
in di tojte schtet,
wu ss'wejet a schwarzer wint –
wer sogt kadisch, wer bet,
wer ruft got azind?

ich mus dich trinken
majn ganz lebn wi ssam,
un wel ejbik sinken
in dajn chaschchessdikn jam;
dajn otem zit
in der farloschener wajt,
wu di ejnsamkejt blit
on a got, on zajt.

ir frosstike zeltn
ojfgeschtelt fun teg –
wifl fargliwerte weltn
lign ojf ajern weg!
majn dorscht kwalt
fun a farbrent folk azind;
in fargessnhejt falt
got, mentsch un kind.

ERINNERUNG

Erinnerung – kalter Spiegel,
Graue Schatten und Nacht;
Einen Weg auf rauchigen Flügeln
Haben sie zum Himmel gemacht.
In den toten Städten,
Vom schwarzen Wind bedroht –
Wer wird Kaddisch sagen und beten,
Wer ruft empor zu Gott?

Ich muß dich trinken –
Mein ganzes Leben wie Gift,
Und will ewig sinken
In schwarze Meeresdrift.
Dein Atem zieht
In die ferne Verloschenheit,
Wo die Einsamkeit blüht
Ohne Gott, ohne Zeit.

O ihr frostigen Zelte,
Von den Tagen aufgestellt –
Es liegt an ihrem Wege
Soviel erstarrte Welt!
Mein Volk vergeht in Flammen –
Wie quillt mein Durst, mein Leid,
Gott, Mensch und Kind zusammen
Falln in Vergessenheit.

איר צערונענע פֿאַרלאַנגען,
אין בלוי-פֿאַרגאַזטן דופֿט –
אײַערע פֿאַרלאָשענע קלאַנגען
די מיטנאַכט אין מיר רופֿט
אין די טויטע שטעט
װוּ ס'װייעט אַ שוואַרצער ווינט –
ווער זאָגט קדיש, ווער בעט,
ווער רופֿט גאָט אַצינד?

דעראינערונג – קאַלטער שפּיגל,
גרויע שאָטנס און נאַכט;
אַ וועג אויף רויכיקע פֿליגל
האָבן זיי צום הימל געמאַכט.

ir zerunene farlangen,
in bloj-fargastn duft –
ajere farloschene klangen
di mitnacht in mir ruft
in di tojte schtet
wu ss'wejet a schwarzer wint –
wer sogt kadisch, wer bet,
wer ruft got azind?

derinerung – kalter schpigl,
groje schotnss un nacht;
a weg ojf rojchike fligl
hobn sej zum himl gemacht.

O Sehnsucht, zersprungen
Im blau-vergasten Duft –
Ihre Töne sind verklungen,
Da Mitternacht in mir ruft.
In den toten Städten,
Vom schwarzen Wind bedroht –
Wer wird Kaddisch sagen und beten,
Wer ruft empor zu Gott?

Erinnerung – kalter Spiegel,
Graue Schatten und Nacht;
Einen Weg auf rauchigen Flügeln
Haben sie zum Himmel gemacht.

איך הער די טויטע וויינען:
»אין אונדזער סוף ביסטו אַ נייער באַגין;
דײַן וואָרט זאָל ווי קרישטאָל שײַנען,
ווי עס שײַנט אין אונדז דער בראשית-זין.

ווען זייערע הערצער ניט מיט ליבע שלאָגן,
נאָר וואָיען ווי די הינט צום לבנה-שײַן,
זאָל דײַן וואָרט אַזוי ווי איוב קלאָגן
איבער זייער ברויט און איבער זייער ווײַן.

ווען זיי וואַלגערן זיך אין תהומיקע טיפן
און רײַסן צײנערדיק אונדזער לייב ווי וועלף;
בעת זייערע הייליקע לאָזן נאָך טראָפּנס טריפן
און זאַלבן זיי אין אָפּשײַן פֿון די צוועלף –

ICH HER DI TOJTE WEJNEN

ich her di tojte in mir wejnen:
»in undser ssof bisstu a najer bagin;
dajn wort sol wi krischtol schajnen,
wi ess schajnt in unds der berejschess-sin.

wen sajere herzer nit mit libe schlogn,
nor wojen wi di hint zum lewone-schajn,
sol dajn wort asoj wi ijow klogn
iber sajer brojt un iber sajer wajn.

wen sej walgern sich in tehomike tifn
un rajssn zejnerdik undser lajb wi welf;
bejss sejere hejlike losn noch tropnss trifn
un salbn sej in opschajn fun di zwelf –

ICH HÖR DIE TOTEN WEINEN

Ich hör die Toten in mir weinen:
»In unserm Ende bist du Neubeginn,
Dein Wort soll leuchten wie Kristalle,
So wie in uns der Schöpfungs-Sinn.

Wenn ihre Herzen nicht in Liebe schlagen,
Und wenn sie nur wie Hunde ins Mondlicht schrein,
Solln Deine Worte so wie Hiob klagen
Über ihrem Brot und ihrem Wein.

Wenn sie sich da im Abgrund wälzen
Und reißen uns mit ihrem Wolfsgebiß
Und sind, von ihren Heiligen gesalbt,
Im Glanz der Zwölf des ewigen Heils gewiß –

קריץ אין האַרטן גראַניט אײַן זייער נאָמען,
אויף פֿאַרברענטע ליפּן פֿון אַ דערמאָרדעט קינד;
אויף אַלע טעג וואָס פֿאַרגייען און קומען
קריץ אים אײַן ווי פֿייער אין אייזיקן ווינט!

קריץ אים אײַן! און אַלע די זעקס מיליאָנען
שטרעקן פֿון דער ערד דיר אַרויס זייערע הענט,
אַז אויף יעדער זאָל ווי אויף שוואַרצע פֿאָנען
בלײַבן זייער נאָמען ווי פֿון שאַנד אַ מאָנומענט!«

איך הער די טויטע אין מיר וויינען:
אין אונדזער סוף ביסטו דער באַנײַטער ווילן –
דײַן וואָרט מוז ווי אַ קרישטאָל שײַנען
און ווי אַ קללה וואָס טאָר ניט פֿאַרשטילן.

kriz in hartn granit ajn sejer nomen,
ojf farbrente lipn fun a dermordet kind;
ojf ale teg woss fargejen un kumen
kriz im ajn wi fajer in ajsikn wint!

kriz im ajn! un ale di sekss milionen
schtrekn fun der erd dir arojss sejere hent,
as ojf jeder sol wi ojf schwarze fonen
blajbn sejer nomen wi fun schand a monument!«

ich her di tojte in mir wejnen:
in undser ssof bisstu der banajter wiln –
dajn wort mus wi a krischtol schajnen
un wi a klole woss tor nit farschtiln.

So schneide ihre Namen in Granit,
In die verbrannten Lippen vom gemordeten Kind;
In alle Tage, die vergehn und kommen,
Ritz sie ein wie Feuer in eisigen Wind!

Ritz sie ein! Und alle die sechs Millionen
Strecken aus der Erde Hand um Hand,
Auf einer jeden wie auf schwarzen Fahnen
Als Mahnmal sei ihr Name eingebrannt!«

Ich hör die Toten in mir weinen:
Ein neuer Wille, neuer Anbeginn –
Dein Wort muß leuchten wie Kristalle,
Ein Fluch, der nie verstummt auf ewighin.

ברוינע שקיעה

נאָך אויס מיין טיפֿן שלאָף אין קבֿרדיקער מיט
וועקן מיך דיינע אייזערנע פֿראָסטיקע טריט.

ווילד לאַכסטו דורך די נעכט ווי דער קאַלטער ים,
שווער שטאַרבן די פֿאַרלאָזענע אין דיין הייסן פֿלאַם.

האַרט ווי דאָס שווייגן אין דעם שטומען שטיין
טריקנט דיין ברוינער דאָרשט אַלע פֿעלדער איין.

אין מיין זכרון שפּיגלט דיין שטיינערן פּנים דעם טויט –

זע, איך בין אַלט צוויי טויזנט יאָר און שווייג;
ווייסע קרייצן שלאָגן מאָרגנס אויף יעדער צוויינ –

אָ, טונקל רוישט שוין ווידער אין מיין קאַלט געהער;
אויף וויפֿל ווינטן דונערט דיין טויטער טריט אַהער?

דו ברענסט מיך אפֿילו אין מיין קבֿרדיק טיפֿן שלאָף!

BROJNE SCHKIE

noch ojss majn tifn schlof in kejwerdiker mit
wekn mich dajne ajserne frosstike trit.

wild lachsstu durch di necht wi der kalter jam,
schwer schtarbn di farlosene in dajn hejssn flam.

hart wi doss schwajgn in dem schtumen schtejn
trinkt dajn brojner dorscht ale felder ajn.

in majn sikorn schpiglt dajn schtejnern ponem dem tojt –

se, ich bin alt zwej tojsnt jor un schwajg;
wajsse krejzn schlogn morgnss ojf jeder zwajg –

o, tunkl rojscht schojn wider in majn kalt geher;
ojf wifl wintn dunert dajn tojter trit aher?

du brensst mich afile in majn kejwerdik tifn schlof!

BRAUNER SONNENUNTERGANG

Aus meinem tiefen Schlaf, von Grabeserde bedeckt
Haben mich deine eisern-eisigen Schritte geweckt.

Wild lachst du nachts wie kalte Meeresfluten,
Schwer stirbt die Verlaßne in deinen Feuergluten.

Hart wie das Schweigen in dem stummen Stein
Saugt dein brauner Durst alle Felder ein.

In meiner Erinnrung spiegelt dein steinern Gesicht den Tod –

Sieh, ich bin zweitausend Jahr alt, und schweig;
Weiße Kreuze schlagen morgens aus jedem Zweig –

Finsternis rauscht schon wieder in mein kaltes Ohr;
Auf wieviel Stürmen dröhnt dein toter Schritt empor?

Du brennst mich noch im grabestiefen Schlaf!

אַן אַלט מאָטיוו

די לעצטע שעה צערינט איבער דער געשאָכטענער עדה –
אין חלום גייט דאָס שטעטל אויף אין מײַנע אויגן
און איך זע: דער אַלטער שמש האָט תפילהדיק אויסגעצויגן
זײַן נאַקעטן האַלדז צום מעסער װי אויף דער עקדה –
שטערן מישן זייער קאַלטן גלאַנץ מיטן בלוט פון דער עדה.

די נאַכט טראָגט אַרום איר שוױיגן װי אַ הקפה
און טאַפּט מיט בלינדע פֿינגער די אויפֿגעבראָכענע פֿענצטער
און הערט, אין שטילן צאַנקען זינגט דער קלענסטער
אויס דער גוססדיקער עדה פון תהילים די לעצטע סטראָפע;
די נאַכט טראָגט איר שוױיגן אַרום די גוססים װי אַ הקפה.

אַרום דעם עמוד ציטערט שטיל אַן אויסגעהויכטע נשמה.
מיט קילע הענט טוט די ערד די געשאָכטענע פֿאַרװיגן
מיטן חזנס פֿאַרשוױגענעם אבֿלדיק־אומעטיקן ניגון;
פֿאַר גזלנים טראָגט זי אין איר װאַרעמען שויס מסתמא
אַ צעבליט קאָרנפֿעלד פֿון אַ פֿרילינגדיקער נשמה.

AN ALT MOTIW

di lezte scho zerint iber der geschochtener ejde –
in cholem gejt doss schtetl ojf in majne ojgn
un ich se: der alter schamess hot tfiledik ojssgezojgn
sajn naketn halds zum messer wi ojf der akejde –
schtern mischn sejer kaltn glanz mitn blut fun der ejde.

di nacht trogt arum ir schwajgn wi a hakofe
un tapt mit blinde finger di ojfgebrochene fenzter
un hert, in schtiln zanken singt der klensster
ojss der gojssessdiker ejde fun tehilim di lezte sstrofe;
di nacht trogt ir schwajgn arum di gojssessim wi a hakofe.

arum dem omed zitert schtil an ojssgehojchte neschome.
mit kile hent tut di erd di geschochtene farwign
mitn chasnss farschwigenem owldik-umetikn nign;
far gaslonim trogt si in ir waremen schojss misstome
a zeblit kornfeld fun a frilingdiker neschome.

EIN ALTES MOTIV

Die letzte Stunde zerrinnt über der geschächteten Gemeinde.
Wenn mir im Traum vor meinen Augen das Städtel aufgeht,
Seh ich den alten Schammes: wie im Gebet
Streckt er den nackten Hals vor dem Messer der Feinde –
Sterne mischen ihren kalten Glanz mit dem Blut der Gemeinde.

Die Nacht trägt das Schweigen wie eine Thora im Kreise,
Tastet mit blinden Fingern Fenster, die zerspringen,
Hört aus der sterbenden Gemeinde ein Kindlein singen
Die letzte Strophe der Psalmen, und sehr leise.
Und die Nacht trägt das Schweigen wie eine Thora im Kreise.

Um das Betpult herum zittert still eine ausgehauchte Seele.
Es wiegt sie die Erde mit kühlen Händen, wie
Zu des Chasns trauernd-trauriger, stummer Melodie.
Doch für Räuber trägt sie in warmer Leibeshöhle
Das blühende Kornfeld einer frühlingshaften Seele.

די לעצטע שעה צערינט איבער דער געשאָכטענער עדה;
אין אַ חרובדיק שטעטל וואָס גאָט אפילו האָט פאַרגעסן
ציען די טויטע צו איינענער לוויה שטום אין מעת לעתן;
און ניט־געבוירענע אייניקלעך וואַרטן ביי דער עקדה
אויסצומישן זייער טרויער מיטן בלוט פון דער עדה.

di lezte scho zerint iber der geschochtener ejde;
in a churwedik schtetl woss got afile hot fargessn
zien di tojte zu ejgener lewaje schtum in mess lessn;
un nit-gebojrene ejniklech wartn baj der akejde
ojsszumischn sejer trojer mitn blut fun der ejde.

Die letzte Stunde zerrinnt über der geschächteten Gemeinde.
In einem verwüsteten Städtel, sogar von Gott vergessen,
Ziehn die Toten zum eignen Begräbnis, indessen
Warten ungeborene Enkel auf das Messer der Feinde,
Mischen ihre Trauer mit dem Blut der Gemeinde.

פֿאַרוואָגלטע דורות

יגאל, ווען די זיבעטע זון אויף דײַן שטערן ברענט,
בענטשט יעקב אבינו דעם דאָרשט פֿון דײַנע הענט —

יעקב שטרעקט זײַנע דלאָניעס אויס: געלויבט זײַ האַר און בורא —
און וויקלט דעם הימל אויף ווי אַ ספֿר־תורה:

בראשית ברא — מיט טויזנט קולות צעפֿלאַמט זיך די ווײַט,
פֿאַרוואָגלטע דורות, שטייט אויף, עס איז שוין צײַט!

יעדעס אות צעהעלט זיך ווי אַן אייביקער פֿאַקל:
— אדוני, אַנטפּלעק מיר דעם זין, דעם לעצטן סך־הכל —

די צוויי טויזנט יאָר אויף מײַן גומען זענען ביטער ווי גאַל.
וועלכע העכסטע מדרגה פֿאַרשליסט ניט דער טיפֿסטער פֿאַל?

אין דײַן שווײַגן צו רוען איז טיפֿער ווי אין טויט,
יעדע נאַכט קומען די פֿאַרגאַזטע עסן פֿון מײַן טיש דאָס ברויט.

FARWOGLTE DOJRESS

jigal, wen di sibete sun ojf dajn schtern brent,
bentscht jankew owinu dem dorscht fun dajne hent –

jankew schtrekt sajne dlonjess ojss: gelojbt saj har un bojre –
un wiklt dem himl ojf wi a ssejfer-tojre:

berejschess bara – mit tojssnt kojless zeflamt sich di wajt,
farwoglte dojress, schtej ojf, ess is schojn zajt!

jedess oss zehelt sich wi an ejbiker fakl:
adojni, antplek mir dem sin, dem leztn ssach-hakl –

di zwej tojsnt jor ojf majn gumen senen biter wi gal.
welche hechsste madrejge farschlisst nit der tifsster fal?

in dajn schwajgn zu ruen is tifer wi in tojt,
jede nacht kumen di fargaste essn fun majn tisch doss brojt.

UMGETRIEBNE GENERATIONEN

Jigal, setzt die siebte Sonne deine Stirn in Brand,
Segnet Erzvater Jakob den Durst deiner Hand –

Jakob streckt die Hand : Gelobt sei der Herr, der gnadenvolle –
Und wickelt den Himmel auf wie eine Thorarolle:

»Im Anfang schuf« – und tausend Stimmen flammen weit:
Umgetriebne Generationen, steht auf, es ist Zeit!

Jede Letter brennt in ewigem Fackelglanz:
Adonaj, offenbar mir den Sinn, die letzte Bilanz –

Zweitausend Jahr sind meinem Gaumen bitter wie Galle.
Der höchste Grad, endend in tiefstem Falle?

In deinem Schweigen ruhe ich tiefer als im Tod –
Nachts kommen die Vergasten zu Tisch und essen mein Brot.

פֿאַר ירושלימס זיבן טויערן בלייבן זיי אַ ווײַלע שטיין,
די נאַכט און די ערד האַלטן הייס דעם אָטעם אײַן.

אַן אויסגעלאָשענע לבנה טראָגט יעדער אין דער קנאָכיקער האַנט
און זיי שפּאַנען פֿינצטער אַוועק צוריק אין גלות־לאַנד.

ווען די טויטע האָבן ניט קיין מנוחה, האָבן לעבעדיקע ניט קיין ברויט.
אדוני, אין דײַן שוויַיגן צו רוען איז טיפֿער ווי אין טויט.

יגאל, ווען די זיבעטע זון אויף דײַן שטערן ברענט,
בענטשט יעקב אבינו דעם דאָרשט פֿון דײַנע הענט.

far jeruscholajims sibn tojern blajbn sej a wajle schtejn,
di nacht un di erd haltn hejss dem otem ajn.

an ojssgeloschene lewone trogt jeder in der knochiger hant
un sej schpanen finzter awek zurik in goless-land.

wen di tojte hobn nit kejn menuche, hobn lebedike nit kejn brojt.
adojni, in dajn schwajgn zu ruen is tifer wi in tojt.

jigal, wen di sibete sun ojf dajn schtern brent,
bentscht jankew owinu dem dorscht fun dajne hent.

Vor Jerusalems sieben Toren stehn sie wie im Bann:
Nacht und Erde halten den heißen Atem an.

Einen erloschnen Mond trägt jeder in knochiger Hand,
Und finster gehn sie zurück ins Diaspora-Land.

Fehlt den Toten die Ruh, fehlt den Lebenden Brot.
Adonaj, in deinem Schweigen ruht man tiefer als im Tod.

Jigal, setzt die siebte Sonne deine Stirn in Brand,
Segnet Erzvater Jakob den Durst deiner Hand.

ממעמקים

געבייטשט
פון פראָסטיקע לבנהס
יאָגן ווילדע וועלף זיך
דורך די אויגן פון ייִנגסטן דור.
שפּינען זאַמלען ווידער
שוואַרצע פֿיערן
אין הערצער פֿאַרשטיינערטע פון פֿעלקער.

אויס קײַלעכדיק־קינדערישע אויגן
רינט אַ טונקעלער פּחד
אין די אַשיקע טריט פון אונדזער צײַט.

פֿלאַמיק באַפֿליגלטע פֿערד
טראָגן זיך מיט טויטע זעלנער
איבער טײַכן שפּאָטנדיק בלוט.

פֿאַרגעסן האָט אַלץ
די שטאַרבנדיקע זון —

און בײַ די האַלבנאַכט־טויערן
בליט אויף דער צער
פֿון ניט־געבוירענע אייניקלעך;
די תּפֿילות פֿון אונדזערע אבות
שפּאַלטן קבֿרים.

MIMAAMAKIM

gebajtscht
fun frosstike lewoness
jogn wilde welf sich
durch di ojgn fun jingsstn dor.
schpinen samlen wider
schwarze fajern
in herzer farschtejnerte fun felker.

ojss kajlechdik-kinderische ojgn
rint a tunkeler pached
in di aschike trit fun undser zajt.

flamik bafliglte ferd
trogn sich mit tojte selner
iber tajchn schpotndik blut.

fargessn hot alz
di schtarbndike sun –

un baj halbnacht-tojern
blit ojf der zar
fun nit-gebojrene ejniklech;
di tfiless fun undsere owess
schpaltn kworim.

Gepeitscht
Von eisigen Monden
Jagen wilde Wölfe
Durch die Augen des jüngsten Geschlechts.
Wieder sammeln Spinnen
Schwarze Feuer
In versteinten Herzen der Völker ein.

Aus runden Kinderaugen
Rinnt eine dunkle Furcht
In die Aschentritte unserer Zeit.

Flammenflüglige Pferde
Schweben mit toten Soldaten
Über Flüsse höhnischen Blutes.

Und die sterbende Sonne
Hat alles vergessen –

Vor den Toren der Mitternacht
Blüht die Sorge
Der ungeborenen Enkel;
Die Gebete unserer Väter
Brechen Gräber auf.

אין חרובֿע שטעטלעך
גייט די שטילקייט אַרום אין תכריכים;
און אַ רעג פֿון מײַן בענקשאַפֿט
זאַמלט דאָרט אײַן אין אַ טלית
אַלע פֿאַרגאָסענע טרערן.

דער זיפֿץ פֿון אַ פֿאַרפּײַניקט קינד
שטורעמט אומזיסט
דעם פֿאַרשטיינערטן הימל.

נאָך אַלץ לײַכט, קאַלט און בייז,
דער סאַטורן
איבער בלוי-פֿאַרגאַסטע ליפּן;
אונטער די שווײַגנדיקע אויגן פֿון דער נאַכט
קריצט עמעץ אין אוראַלטן גראַניט
די צייכנס פֿון אַ טונקעלער צוקונפֿט:

עס איז דער צער פֿון אונדזער דור,
דער צער וואָס וויל גאָט דעריאָגן —
ווער ווייסט
וואָס נעענטער איז צו גאָט?

ווי דורך אײַזיקע טאָלן
יאָגן זיך ווילדע וועלף
דורך די אויגן פֿון אונדזער דור!

in churwe schtetlech
gejt di schtilkejt arum in tachrichim;
un a rege fun majn benkschaft
samlt dort ajn in a taless
ale fargossene trern.

der sifz fun a farpajnikt kind
schturemt umsisst
dem farschtejnertn himl.

noch alz lajcht, kalt un bejs,
der ssaturn
iber bloj-fargaste lipn;
unter di schwajgndike ojgn fun der nacht
krizt emez in uraltn granit
di zejchnss fun a tunkeler zukunft:

ess is der zar fun undser dor,
der zar woss wil got derjogn –
wer wejsst
woss neenter is zu got?

wi durch ajsike toln
jogn sich wilde welf
durch di ojgn fun undser dor!

In zertrümmerten Städtchen
Wandelt die Stille im Totenhemd;
Und ein Augenblick meiner Sehnsucht –
In einem Gebetsschal sammelt er
Alle vergossenen Tränen ein.

Der Seufzer eines gequälten Kindes
Stürmt vergeblich
Den versteinerten Himmel.

Noch immer leuchtet, kalt und böse,
Der Saturn
Über blau-vergasten Lippen;
Unter den schweigenden Augen der Nacht
Ritzt einer in uralten Granit
Die Zeichen einer dunklen Zukunft:

Das Leid unsrer Generation,
Das Leid, das Gott erjagen will –
Wer weiß,
Was näher ist zu Gott?

Wie durch eisige Täler
Jagen wilde Wölfe
Durch die Augen unsrer Generation!

מה אנו

בײ נאַכט זענען מיר די טונקל־פֿאַרלאָשענע וועגן,
דער טרויער פֿון אונדזער בלוטיק־פֿאַרגעסן דור.

אונדזער געלעכטער איז דער אַש פֿון פֿאַרלאָשענע רעגעס
וואָס שיט זיך דורך אונדזערע פֿינגער שוואַרץ און קאַלט.

אונדזערע אויגן זענען אָפֿענע קבֿרים וווּ עס רוען
לאַנג פֿאַרשטאָרבענע געליבטע און צערונענע טעג.

אונדזער איינזאַמקייט אָטעמט מיט אוראַלטע צײַטן
מיט פֿראָסטיקן קלאָגן פֿון ניט־געבוירענע מלאכים.

אין אונדזער געוויין ווערט איובֿ תּמיד געבוירן,
אונדזער תּפֿילה טרעפֿט אָן די פֿאַרשטיינערטע רו פֿון גאָט.

אונדזער האָפֿענונג איז דער וואַלד אויף דער לבֿנה,
דער בראשית פֿון אַ קיינמאָל־ניט־קומענדיקער צײַט.

MA ANU

baj nacht senen mir di tunkl-farloschene wegn,
der trojer fun undser blutik-fargessn dor.

undser gelechter is der asch fun farloschene regess
woss schit sich durch undsere finger schwarz un kalt.

undsere ojgn senen ofene kworim wu ess ruen
lang farschtorbene gelibte un zerunene teg.

undser ejnsamkejt otemt mit uralte zajtn
mit frostikn klogn fun nit-gebojrene malochim.

in undser gewejn wert ijow tomed gebojrn,
undser tfile treft on di farschtejnerte ru fun got.

undser hofenung is der wald ojf der lewone,
der berejschess fun a kejnmol-nit-kumendiker zajt.

WAS SIND WIR

Nachts sind wir dunkel-verloschene Trauerwege
Unsrer blutig-vergeßnen Generation.

Unser Gelächter die Asche verlorener Augenblicke,
Rinnend durch unsre schwarzen und kalten Hände.

Unsre Augen sind offene Gräber: da ruhen
Lang verstorbne Geliebte und zerronnene Tage.

Unsre Einsamkeit atmet uralte Zeiten
Mit frostigen Klagen ungeborener Engel.

In unsern Klagen wird Hiob immer geboren,
Unser Gebet stößt auf Gottes versteinerte Ruhe.

Unsre Hoffnung ist der Wald auf dem Mond,
Der Beginn einer niemals kommenden Zeit.

אונדזער וואָרט איז נאַקעט ווי דער קאַלטער הימל
און רייניקט זיך תמיד אין די טײַכן פֿון טויט.

מיר וואַרטן מיט זינגענדיקע פֿלאַמען אין די אָדערן,
מיט אַ בלויער נשמה אין אַ קיל ווערנדיקן האַרץ.

דער מיטנאַכט־גאָט רויכערט אויף אונדז מיט סמען,
זײַנע טריט הילכן אין גאָרטן פֿון אונדזער שלאָף.

אין אונדזערע שטעטלעך יאָגן זיך שוואַרצע ווינטן,
אין גאַסן פֿון דערמאָנונג – די נאַכט מיט אַ מעסער אין מויל.

פֿון אונדזערע ליפּן טריפֿט דער שווייס פֿון קומענדיקן דור
און דער לעצטער אויסגעשריי פֿאַר די פֿעלדזן פֿון נייעם טאָג.

undser wort is naket wi der kalter himl
un rejnikt sich tomed in di tajchn fun tojt.

mir wartn mit singendike flamen in di odern,
mit a blojer neschome in a kil werndikn harz.

der mitnacht-got rojchert ojf unds mit ssamen,
sajne trit hilchn in gortn fun undser schlof.

in undsere schtetlech jogn sich schwarze wintn,
in gassn fun dermonung – di nacht mit a messer in mojl.

fun undsere lipn trift der schwejss fun kumendikn dor
un der lezter ojssgeschrej far di feldsn fun najem tog.

Unser Wort ist nackt wie der kalte Himmel
Und wäscht sich immer in den Flüssen des Todes.

Wir warten, singende Flammen in den Adern,
Mit einer blauen Seele im erkaltenden Herzen.

Der Mitternachtsgott umräuchert uns mit Gift,
Seine Schritte ertönen im Garten unseres Schlafs.

In unseren Städtchen jagen sich schwarze Stürme,
In Straßen der Erinnrung – die Nacht mit dem Messer im Mund.

Von unsern Lippen rinnt Schweiß der künftigen Geschlechter
Und der letzte Aufschrei vor den Felsen des neuen Tags.

די ביינער אין טאָל ליגן פֿאַרגעסן

א

אָ, איר דרייענדיקע מעת־לעתן
אַרום מײַן טונקעלן געמיט,
שוין אָטעמט דער פֿליגל פֿון פֿאַרגעסן
אונטער אייער דונערדיקן טריט.

אײַערע רגעס פֿאַלן אין די אויגן
װי אַ שװאַרצער רעגן אַרײַן;
בית־עולמדיק װערט אַלץ פֿאַרצויגן
מיט אַ קיל פֿאַרגליװערטער שײַן.

ב

בלינד שפּיגלט אַן איינזאַמע לבֿנה
פֿאַרשטיינערטע קבֿרים אויף ערד;
סע װאַכט נאָר די שרעק, די סכּנה,
געשרייען — פֿון קיינעם ניט דערהערט.

פֿאַרברענט װערט אין אַ יעדן חלום
ביז גלוטיקער אַש דער גוף —
אין הימל קריצט אַ גוסס איין: שלום!
און װאַרט אויף אַ נס, אויף אַ רוף.

DI BEJNER IN TOL LIGN FARGESSN

1

o, ir drejendike mess-lessn
arum majn tunkeln gemit,
schojn otemt der fligl fun fargessn
unter ajer dunerdikn trit.

ajere regess faln in di ojgn
wi a schwarzer regn arajn;
bejss-ojlemdik wert alz farzojgn
mit a kil fargliwerter schajn.

2

blind schpiglt an ejnsame lewone
farschtejnerte kworim ojf erd;
sse wacht nor di schrek, di ssakone,
geschrejen – fun kejnem nit derhert.

farbrent wert in a jedn cholem
bis glutiger asch der guf –
in himl krizt a gojssess ajn: scholem!
un wart ojf a ness, ojf a ruf.

DIE GEBEINE IM TAL LIEGEN VERGESSEN

1
O ihr Tage und Nächte, kreisend
Um mein dunkles Gemüt,
Schon atmet der Flügel des Vergessens
Unter euerm donnernden Schritt.

Schwarz fallen die Augenblicke
Wie ein Regen in mein Gesicht,
Alle in Friedhofsweise
Bedeckt mit erfrornem Licht.

2
Blind spiegelt versteinerte Gräber
Ein einsamer Mond auf der Erd.
Da wachen Gefahren und Schrecken
Und Schreie, von keinem gehört.

Wenn in jedem Traume der Leib
Zu glühender Asche wird –
Ritzt ein Sterbender in den Himmel: Friede!
Und hofft unbeirrt.

ג

צי איך אום מיט פֿאַראַבלטע חצותן
אין מידבר פֿון אייגן געוויין;
אַ יעדע טרער וואָס איך האָב פֿאַרגאָסן,
פֿאַלט נאָר צוריק אין זיך אַליין.

פֿאַר לבֿנהניק־ווײַס באַדעקטע טישן
וווּ עס זעטיקט ווײַן און ברויט,
זע איך אַ מלאך מיט אַ וואָלף מישן
זייער בלוט אויס מיט דעם טויט.

ד

וויל מיך מײַן שאָטן ניט באַגלייטן,
מײַן האַרץ ווערט אַ שלאַנגען־נעסט;
עס בלוטיקן פֿון מויל אַלע צייטן,
גאָט, מענטש און קינד — פֿאַרגעסט.

די וואַסערן שווענקען אָפּ הירעראָגליפֿן,
צערונען ווערט דאָס שטערנליכט;
ווי אין ימס פֿאַרזונקענע טיפֿן
לעשט זיך אויס אין אַלץ מײַן געזיכט.

אָ, איר דונערנדיקע מעת־לעתן
אַרום מײַן פֿאַרלאָשענעם געמיט!
די ביינער אין טאָל ליגן פֿאַרגעסן
פֿאַרשוויגן איז יחזקאלס טריט.

3

zi ich um mit farowlte chzossn
in midber fun ejgn gewejn;
a jede trer woss ich hob fargossn,
falt nor zurik in sich alejn.

far lewonik-wajss badekte tischn
wu ess setikt wajn un brojt,
se ich a malech mit a wolf mischn
sejer blut ojss mit dem tojt.

4

wil mich majn schotn nit baglejtn,
majn harz wert a schlangen-nesst;
ess blutikn fun mojl ale zajtn,
wen got, mentsch un kind – fargesst.

di wassern schwenken op hieroglifn,
zerunen wert doss schternlicht;
wi in jamss farsunkene tifn
lescht sich ojss in alz majn gesicht.

o, ir dunerndike mess-lessn
arum majn farloschenem gemit!
di bejner in tol lign fargessn
farschwign is jechessklss trit.

3
Mit trauernder Mitternacht zieh ich
In die Wüste aus eigenem Schmerz;
Jede Träne, die ich vergossen,
Fällt ins eigene Herz.

Vor mondweiß gedeckten Tischen,
Satt von Wein und Brot,
Seh ich: Engel und Wolf, sie mischen
Ihr Blut mit dem Tod.

4
Wenn mein Schatten scheut, und mein Herz
Ein Nest für Schlangen ist,
Dann bluten die Zeiten vom Munde –
Wenn Gott, Mensch und Kind vergißt.

Hieroglyphen, von Wassern geschwenkt
Im zerrinnenden Sternenlicht,
Wie in dunklen Meerestiefen
Löscht sich überall mein Gesicht.

Ihr donnernden Tage und Nächte
Um mein erloschnes Gemüt!
Die Gebeine im Tal – vergessen,
Verstummt ist Hesekiels Schritt.

GESANG FUN FARGEJN   געזאַנג פון פֿאַרגיין

GESANG VOM VERGEHN

צו די פֿאַרלאָשענע דורות

אִיר קיל פֿאַרלאָשענע דורות —
אײַער צער און האָפֿענונג
איז צערונען
אין וועלדער פֿון מײַן נאַכט;
גראָב איך אויס
אויס בראשיתדיקן שווײַגן
אײַער פֿאַרשטיינערטע בײנער;
אפֿשר וועלן אויפֿאַטעמען
אויף נאַקעטע שאַרבנס
די פֿאָרמענדיקע פֿינגער
פֿון אַ ניט־אָנזעעוודיקן גאָט.

נאָך ברענט
אויסגעמישט מיט טויטנשווייס
דער אָטעם פֿון אײַערע שלאַכטן,
געשלאָגענע און ניט־געשלאָגענע;
נאָך שטראַלט
די בענקשאַפֿט אײַערע, די זוניקע,
אַרײַנגעגליט
אין קאַלטן שטיין און גראַניט.

ZU DI FARLOSCHENE DOJRESS

ir kil farloschene dojress –
ajer zar un hofenung
is zerunen
in welder fun majn nacht;
grob ich ojss
ojss berejschessdikn schwajgn
ajer farschtejnerte bejner;
efscher weln ojfotemen
ojf nakete scharbnss
di formendike finger
fun a nit-onseewdikn got.

noch brent
ojssgemischt mit tojtnschwejss
der otem fun ajere schlachtn,
geschlogene un nit-geschlogene;
noch schtralt
di benkschaft ajere, di sunike,
arajngeglit
in kaltn schtejn un granit.

AN DIE VERLOSCHENEN GESCHLECHTER

Ihr kalt verloschenen Geschlechter –
Euer Leid und eure Hoffnung
Sind zerronnen
In Wäldern meiner Nacht;
Grabe ich
Aus dem Schöpfungs-Schweigen
Eure versteinten Gebeine aus.
Atemholend vielleicht
Auf euren nackten Totenschädeln
Die formenden Finger
Eines verborgenen Gottes.

Noch brennt,
Vermischt mit Todesschweiß,
Der Atem eurer Schlachten,
Der geschlagnen und nicht geschlagnen;
Noch strahlt
Eure Sehnsucht, die sonnige,
Eingebrannt in
Kalten Stein und Granit.

נאָר דאָרט,
אין אייערע שטומע אויגנלעכער,
וו געצייטיקט האָט אַ מאָל
אין פאָרמען אין טויזנטער
דער אייגענער באַשאַף,
נעסטיקן איצט שלאַנגען!
און אייער טונקל שווײַגן
קרײַזט
ווי די נאַכט אַרום דער ערד.

בשעת
אונדזערע שטערנס בלוטיקן
מיט אייערע אַלטע לעגענדעס,
אַשיקט איר מיט אונדז אויף ס'נײַ
צום נײַעם פאַרגיין;
און דאָס
וואָס ער האָט אונדז געגעבן:
— דאָס פאַרגיין,
דאָס ווערן —
איז נאָר ער אַליין אין אונדז געוואָרן!

איך רוף צו אײַך,
אייניקלעך ניט־געבוירענע:

nor dort,
in ajere schtume ojgnlecher,
wu gezajtikt hot a mol
in formen in tojsnter
der ejgener baschaf,
nesstikn izt schlangen!
un ajer tunkl schwajgn
krajst
wi di nacht arum der erd.

beschass
undsere schternss blutikn
mit ajere alte legendess,
aschikt ir mit unds ojf ss'naj
zum najem fargejn;
un doss
woss er hot unds gegebn:
— doss fargejn,
dos wern —
is nor er alejn in unds geworn!

ich ruf zu ajch,
ejniklech nit-gebojrene:

Doch dort,
In euren stummen Augenlöchern,
Wo einst
In tausend Formen reifte
Das eigne Erschaffenwerden,
Nisten jetzt Schlangen!
Und euer dunkles Schweigen
Kreist
Wie Nacht um die Erde.

Und während
Unsre Stirnen bluten
Von euern alten Legenden,
Verascht ihr aufs neue
Mit uns
Zu neuem Untergang;
Und was Er uns gab:
– Vergehn
Und Werden –
Ist er selber in uns geworden.

Ich rufe euch
Ungeborene Enkel:

געקרייציקט
לינט איר נאָך ניט
אויפֿן ראָד פֿון מעת-לעתן –
אין געבוירן זענען מיר ניט אַליין!
אַליין צערינען מיר אין פֿאַרגעסן –

איר קיל פֿאַרלאָשענע דורות –
אײַער צער און האָפֿענונג
איז צערונען
אין וועלדער פֿון מײַן נאַכט;
גראָב איך אויס
אויס בראשיתדיקן שווײַגן
אײַער פֿאַרשטיינערטע ביינער;
אפֿשר וועלן אויפֿאַטעמען
אויף אײַערע נאַקעטע שאַרבנס
די פֿאָרמענדיקע פֿינגער
פֿון אַ ניט-אָנזעעוודיקן גאָט.

gekrejzikt
ligt ir noch nit
ojfn rod fun mess-lessn –
in gebojrn senen mir nit alejn!
alejn zerinen mir in fargessn –

ir kil farloschene dojress –
ajer zar un hofenung
is zerunen
in welder fun majn nacht;
grob ich ojss
ojss berejschessdikn schwajgn
ajer farschtejnerte bejner;
efscher weln ojfotemen
ojf ajere nakete scharbnss
di formendike finger
fun a nit-onseewdikn got.

Gekreuzigt
Liegt ihr noch nicht
Auf dem Tage-und-Nächte-Rad –
Bei Geburt sind wir nicht einsam!
Allein zerfallen wir ins Vergessen –

Ihr kalt verloschenen Geschlechter –
Euer Leid und eure Hoffnung
Sind zerronnen
In Wäldern meiner Nacht;
Grabe ich
Aus dem Schöpfungs-Schweigen
Eure versteinten Gebeine aus.
Atemholend vielleicht
Auf euren nackten Totenschädeln
Die formenden Finger
Eines verborgenen Gottes.

בראשית

מיר זײַנען די אויגן פֿון האַלבנאַכט,
די ערדישע בעכערס אָנגעפֿילט מיט שווייס פֿון אונדזער לײַב –
מיר צעגליען דעם סוף אין שאָטן פֿון אַ ווײַב;
תּמיד זײַנען מיר פֿון בראשית די אין־סופֿיקע שלאַכט.

אָדם, דײַן אָטעם איז דאָס קאַלטע ליכט פֿון טויט;
פֿאַר מלאכים דאָס חיות איז דײַן אייביקער צער,
אין לעצטן משפּט ווערסטו אַ קינד, אַ גרייז, אַ נאַר –
וויי איז דיר, ווען דײַן שטערן ברענט הייס און רויט.

אין אונדזערע אָדערן ליגט בלוטיק דער ערשטער קאַיאָר;
אייזיק שליסן אײַן זיבן נעכט דעם לעצטן בליק –
רײַסט עמעץ קריעה? אָ, איך קום תּמיד ווידער צוריק
צו שטאַרבן כּסדר מיט דעם אייביק ייִנגסטן דור.

BEREJSCHESS

mir senen di ojgn fun halbnacht,
di erdische becherss ongefilt mit schwejss fun undser lajb –
mir zeglien dem ssof in schotn fun a wajb;
tomed sajnen mir fun berejschess di ejn-ssofike schlacht.

odem, dajn otem is doss kalte licht fun tojt;
far malochim doss chajess is dajn ejbiker zar,
in leztn mischpet wersstu a kind, a grajs, a nar –
wej is dir, wen dajn schtern brent hejss un rojt.

in undsere odern ligt blutik der erschter kajor;
ajsik schlissn ajn sibn necht dem leztn blik –
rajsst emez krie? o, ich kum tomed wider zurik
zu schtarbn kesseder mit dem ejbik jingsstn dor.

IM ANFANG

Wir sind die Augen der Mitternacht,
Die irdenen Becher, gefüllt mit dem Schweiß unsres Leibes –
Wir verglühn das Ende im Schatten eines Weibes;
Sind von Anfang an die endlose Schlacht.

Adam, dein Atem ist das kalte Todeslicht;
Für die Engel ist dein Leben Leiden und Gefahr,
Im letzten Urteil wirst du ein Kind, ein Greis, ein Narr –
Weh, die Qual verbrennt dir dein Angesicht.

In unseren Adern fließt blutig das erste Morgenrot;
Eisig verschließen sieben Nächte den letzten Blick –
Trauert wer? O ich komm immer wieder zurück,
Geh mit dem ewig jüngsten Geschlecht in den Tod.

דער קרייז

לאָז מיך ניט אזוי פיל מאָל שטאַרבן
ווי דער האַרבסט אין טויזנט פֿאַרבן
האָסטו מיר געגעבן
אַזוי פיל טרויער
אין איין לעבן
לאָז מיך ניט אזוי פיל מאָל שטאַרבן
ווי דער האַרבסט אין טויזנט פֿאַרבן.

DER KRAJS

los mich nit asoj fil mol schtarbn
wi der harbsst in tojsnt farbn
hosstu mir gegebn
asoj fil trojer
in ejn lebn
los mich nit asoj fil mol schtarbn
wi der harbsst in tojsnt farbn.

Laß mich nicht so vielmal sterben
Wie den Herbst, in tausend Farben.
Hast mir gegeben
Soviel Trauer
In ein Leben.
Laß mich nicht so vielmal sterben
Wie den Herbst, in tausend Farben.

האַרבסטיקע שעה'ן

א

וואַנדערער
אין טונקעלן ווינט,
פֿון פֿאַרנאַכטיקן דעמער
פֿאַלן קיל די לעצטע בלעטער;
מיט שוואַרצע פֿליגל
צייכענען ווילדע פֿייגל
אויפֿן גרויען הימל
שטומע הירעאָגליפֿן.
באַלד בייגט זיך גאָטס שטערן
איבער די שווייגנדיקע וואַסערן – נאַכט.

אויף אַלע וועגן
פֿלאַטערט די צעפֿוילטקייט
געל צעפֿליגלט;
נאַקעטע ביימער זיפֿצן אין ווינט.

ב

דעם איינזאַמען
באַפֿאַלט אַ יאָמער –
אין האַרבסטיקע וואַסערן
זוכט ער אומזיסט
די פֿאַרשטיינערטע אויגן
פֿון אַ טויטן פֿריינד;
אין רויכיקן שענק
אָנגעפֿילט מיט רוישיקע אַקאָרדן
בייגט זיך זיין מרה-שחורה
איבערן קילן וויין
און זיינע רויטע ליפּן
גליען אויף
ווי אַן אָפֿענע וווּנד.

HARBSSTIKE SCHO'EN

1

wanderer
in tunkeln wint,
fun farnachtikn demer
faln kil di lezte bleter;
mit schwarze fligl
zejchenen wilde fejgl
ojfn grojen himl
schtume hieroglifn.
bald bejgt sich gotss schtern
iber di schwajgndike wassern – nacht.

ojf ale wegn
flatert di zefojltkejt
gel zefliglt;
nakete bejmer sifzn in wint.

2

dem ejnsamen
bafalt a jomer –
in harbsstike wassern
sucht er umsisst
di farschtejnerte ojgn
fun a tojtn frajnd;
in rojchikn schenk
ongefilt mit rojschike akordn
bejgt sich sajn more-schchojre
ibern kiln wajn
un sajne rojte lipn
glien ojf
wi an ofene wund.

HERBSTLICHE STUNDEN

1
Wanderer
Im dunklen Wind,
Aus der Abenddämmerung
Fallen kühl die letzten Blätter;
Mit schwarzen Flügeln
Zeichnen wilde Vögel
Auf den grauen Himmel
Stumme Hieroglyphen.
Bald beugt sich Gottes Stirn
Über die schweigenden Wasser – Nacht.

Auf allen Wegen
Flattert die Fäulnis
Gelb zerflügelt;
Nackte Bäume seufzen im Wind.

2
Den Einsamen
Befällt ein Jammer –
In herbstlichen Wassern
Sucht er vergebens
Die versteinten Augen
Des toten Freundes;
In rauchiger Schenke,
Der von Akkorden erfüllten,
Beugt sich seine Schwermut
Über den kühlen Wein,
Und seine roten Lippen
Erglühn
Wie eine offene Wunde.

ג

אויף אַ נאַקעטן באַרג
באַגראָבסטו די זון;
בײַ נאַכט
ציט אַ פישער אַרױס פֿון דײַן חלום
אַ דערטרונקענע לבֿנה.

אין טונקעלע פֿענצטער
װײנט נאָך די שטילקײט
פֿון דײַן פֿאַרנאַכטיק געבעט;
נאָר דו װערגסט אין שלאָף
אַ שװאַרצן מלאך
אָדער װאַנדערסט
צװישן פֿאַלנדיקע בלעטער
און רויכערנדיקע שלאַנגען;
דער האַרבסט
האָט זײַנע געלע שפּינען
אײַנגענעסטיקט אין אונדזער שלאָף.

ד

די בלוי פֿאַרװעלקטע בלום
טראָגן שטילע פֿײגל אַװעק
אין חלום פֿון אַ קינד;
און אַ רײנע טרער
צינדט װידער אָן די פֿאַרלאָשענע צײַטן.

װאַנדערער,
אױפֿן קאַלטן לבֿנהיקן שטיין
קושט דיך
דער פֿײַכטער בלעטערדיקער צעפֿאַל –
– די גרױע מוטער פֿון אונדזער אײנזאַמקײט.

3

ojf a naketn barg
bagrobsstu di sun;
baj nacht
zit a fischer arojss fun dajn cholem
a dertrunkene lewone.

in tunkele fenzter
wojnt noch di schtilkejt
fun dajn farnachtik gebet;
nor du wergsst in schlof
a schwarzn malech
oder wandersst
zwischn falndike bleter
un rojcherndike schlangen;
der harbsst
hot sajne gele schpinen
ajngenesstikt in undser schlof.

4

di bloj farwelkte blum
trogn schtile fejgl awek
in cholem fun a kind;
un a rejne trer
zindt wider on di farloschene zajtn.

wanderer,
ojfn kaltn lewonikn schtejn
kuscht dich
der fajchter bleterdiker zefal –
di groje muter fun undser ejnsamkejt.

3
Auf einem nackten Berg
Begräbst du die Sonne;
Nachts
Zieht ein Fischer aus deinem Traum
Einen ertrunknen Mond.

In dunklen Fenstern
Wohnt noch die Stille
Deines Abendgebets;
Doch du würgst im Schlaf
Einen schwarzen Engel
Oder wanderst
Zwischen fallenden Blättern
Und rauchenden Schlangen;
Der Herbst
Hat seine gelben Spinnen
Eingenistet in unsern Schlaf.

4
Die blau verwelkte Blume
Tragen stille Vögel fort
In den Traum eines Kindes;
Und eine reine Träne
Zündet wieder die verloschnen Zeiten an.

Wanderer,
Auf kaltem Mondgestein
Küßt dich
Der feuchte blättrige Zerfall –
Die graue Mutter unsrer Einsamkeit.

EJNSAMKEJT UN DERMANUNG

I
iber di wajsse wassern
wign wilde fejgl
ojf sejere kile fligl
doss tunkele schwajgn fun himl;
baj nacht
wejet fun sejere ojgn
an ajsiker wint.

in asa scho,
schwesster,
wert dajn schtiler schmejchl
a demerdiker gortn
ful mit ssojdessdike farlibte
un dajne kajlechdike ojgn
gejen ojf far sej
wi zwej milde lewoness.

nor tif fun schlof
sifzt bang dajn neschome;
un ojfn schwel fun dajn cholem
otemt
der ejbiker zar
fun dajne nit-gebojrene kinder.

אײנזאַמקייט און דערמאַנונג

א

איבער די װײסע װאַסערן
װיגן װילדע פֿייגל
אויף זייערע קילע פֿליגל
דאָס טונקעלע שװײַגן פֿון הימל;
בײַ נאַכט
װייעט פֿון זייערע אויגן
אַן אײַזיקער װינט.

אין אַזאַ שעה,
שװעסטער,
װערט דיין שטילער שמייכל
אַ דעמערדיקער גאָרטן
פֿול מיט סודותדיקע פֿאַרליבטע
און דיינע קיילעכדיקע אויגן
גייען אויף פֿאַר זיי
װי צװיי מילדע לבנהס.

נאָר טיף פֿון שלאָף
זיפֿצט באַנג דיין נשמה;
און אויפֿן שװעל פֿון דיין חלום
אָטעמט
דער אייביקער צער
פֿון דיינע ניט־געבוירענע קינדער.

EINSAMKEIT UND ERINNERUNG

I
Über den weißen Wassern
Wiegen wilde Vögel
Auf ihren kühlen Flügeln
Das dunkle Schweigen des Himmels;
Nachts
Weht von ihren Augen
Ein eisiger Wind.

In solcher Stunde,
Schwester,
Wird dein stilles Lächeln
Zum dämmrigen Garten,
Wo sich geheimnisvolle Verliebte drängen,
Und deine runden Augen
Gehen auf vor ihnen
Wie zwei milde Monde.

Doch aus tiefem Schlaf
Seufzt deine Seele bang;
Und auf der Schwelle deines Traums
Atmet
Die ewige Sorge
Deiner ungeborenen Kinder.

ב

שװעסטער,
װען מיר האָבן דאָרשט,
טרינקען מיר
דאָס קאַלטע פײער פֿון שטערן,
אָדער
פֿון קילן ברונעם
פֿון אונדזער קינדהײט:

אונדזער מאַמעס אױגן
זענען געװען צװײ ימען
דער יום־כיפּור האָט אױסגעשעפּט;
װאָס
דערנאָך
האָט גאָט זיך אין זײ געשפּיגלט
װי אין אײגענעם חסד
און געשמײכלט קלוג און קיל.

אָ, װי לאַנג איז שױן דאָס פֿאַרבײַ!

ג

פֿאַר נאַכט
עפֿענען זיך אַלע קבֿרים
און מיר זאַמלען אײן
די שאָטנס פֿון אַלע געליבטע
— דאָס ברױט און װײן
געגרײט
פֿון דער אײנזאַמקײט—
און איבער די װײסע װאַסערן
װיגן װילדע פֿײגל
אױף זײערע קילע פֿליגל
דאָס טונקעלע שװײַגן פֿון הימל.

2
schwesster,
wen mir hobn dorscht,
trinken mir
doss kalte fajer fun schtern,
oder
fun kiln brunem
fun undser kindhejt:

undser mamess ojgn
senen gewen zwej jamen
woss der jom-kiper hot ojssgeschept;
dernoch
hot got sich in sej geschpiglt
wi in ejgenem chessed
un geschmejchlt klug un kil.

o, wi lang is schojn doss farbaj!

3
far nacht
efenen sich ale kworim
un mir samlen ajn
di schotnss fun ale gelibte
— doss brojt un wajn
gegrejt
fun der ejnsamkejt —
un iber di wajsse wassern
wign wilde fejgl
ojf sejere kile fligl
doss tunkele schwajgn fun himl.

2
Schwester,
Wenn wir dürsten,
Trinken wir
Das kalte Sternenfeuer
Oder
Aus dem kühlen Brunnen
Unserer Kindheit:

Mutters Augen
Waren zwei Meere,
Vom Jom Kippur ausgeschöpft;
Danach
Hat Gott sich darin gespiegelt
Wie in der eignen Gnade
Und lächelte klug und kühl.

O wie lang vorbei!

3
Abends
Öffnen sich alle Gräber,
Und wir sammeln
Die Schatten aller Geliebten ein
– Brot und Wein,
Bereitet
Von der Einsamkeit –
Und über den weißen Wassern
Wiegen wilde Vögel
Auf ihren kühlen Flügeln
Das dunkle Schweigen des Himmels.

TIFENISCHN FUN OWER

1

schtil.
in zimern tunkele
gliwert
dem tojtn tatnss ponem;
fun der mamess groje hor
is di nacht geworn
mid un alt;
di klole
fun a farscholtn dor
bejgt sich ibern jingsstn sun.

2

in sajn kindhejt blit:
krankhejt, finzternisch, schrek,
tunkl-bahaltene schpiln,
cheder;
di midbersche wegn fun tanach
hejbn sich on
in sajne brenendike ojgn;
fajerdike malochim
bagegnt er
in rojschiker schtilkejt fun wald.

fun sajn sikorn
tret arojss di muter rochel
in der schtiler geschtalt
fun sajn schwesster;
ir schtiler schmejchl
zerint
in kaltn blojen schpigl;
un ire dine lipn
brenen ojf
wi der schnit fun a messer;
baj nacht
lost im nit schtarbn
ir farschwigener trojer.

טיפענישן פון עבר

א

שטיל.
אין צימערן טונקעלע
גליווערט
דעם טויטן טאַטנס פּנים;
פון דער מאַמעס גרויע האָר
איז די נאַכט געוואָרן
מיד און אַלט;
די קללה
פון אַ פאַרשאָלטן דור
בייגט זיך איבערן יינגסטן זון.

ב

אין זיין קינדהייט בליט:
קראַנקהייט, פינצטערניש, שרעק,
טונקל-באַהאַלטענע שפּילן,
חדר;
די מידברשע וועגן פון תנך
הייבן זיך אָן
אין זיינע ברענענדיקע אויגן;
פייערדיקע מלאכים
באַגעגנט ער
אין רוישיקער שטילקייט פון וואַלד.

פון זיין זכרון
טרעט אַרויס די מוטער רחל
אין דער שטילער געשטאַלט
פון זיין שוועסטער;
איר שטילער שמייכל
צערינט
אין קאַלטן בלויען שפּיגל;
און אירע דינע ליפּן
ברענען אויף
ווי דער שניט פון אַ מעסער;
ביי נאַכט
לאָזט אים ניט שטאַרבן
איר פאַרשוויגענער טרויער.

TIEFEN DER VERGANGENHEIT

1
Stille.
In dunklen Zimmern
Erstarrt
Das Gesicht des toten Vaters;
Von Mutters grauem Haar
Ward die Nacht
Müde und alt;
Der Fluch
Eines verwünschten Geschlechts
Beugt sich über den jüngsten Sohn.

2
In seiner Kindheit blüht
Krankheit, Finsternis, Schreck,
Dunkel-verborgne Spiele,
Der Cheder;
Die wüstenhaften Wege der Bibel
Nehmen ihren Anfang
In seinen brennenden Augen;
Feurigen Engeln
Begegnet er
In der rauschenden Stille des Waldes.

Aus seiner Erinnerung
Tritt Mutter Rachel hervor,
In der stillen Gestalt
seiner Schwester;
Ihr stilles Lächeln
Zerrinnt
Im kalten blauen Spiegel;
Und ihre dünnen Lippen
Brennen auf
Wie der Schnitt eines Messers;
Nachts
Läßt ihn ihre stumme Trauer
nicht sterben.

ג

בלויע רגעס
צינדן טיילמאָל אָן
זיינע חלומות;
שטיל און גרויס,
טרעפֿט ער דאָרט די אַלטע אבות;
לאַנג וויינט ער פֿאַר זיי.

ד

זיין יוגנט גייט אויף
אין אַלטן בית־עולם;
מיט לאַנג פֿאַרגעסענע מתים
רעדט ער דאָרט קיל –
שטיל קושט ער
דעם געלן צעפֿאַל פֿון זייערע הענט.

פֿאַר דעם שאָטנדיקן בית־המדרש
שפּיגלט ער גרין
זיין פּנים
אין אַן אַלט פֿאַס וואַסער;
ביי זיין אָפּבילד
בעט ער, וויינענדיק,
אַ שטיק ברויט –

דער שאָטן פֿון אַ שלעכט וואָרט
שפּרינגט אויף
און דערשרעקט אים –

ביי נאַכט
אויף פֿרעמדע לבֿנהדיקע שטיין
באַפֿאַלן אים זיינע טרערן
ווי ווילדע וועלף.

3
bloje regess
zindn tejlmol on
sajne chalojmess;
schtil un grojss,
treft er dort di alte owess;
lang wejnt er far sej.

4
sajn jugnt gejt ojf
in altn bess-ojlem;
mit lang fargessene mejssim
redt er dort kil –
schtil kuscht er
dem geln zefal fun sejere hent.

far dem schotndikn bess-hamedresch
schpiglt er grin
sajn ponem
in an alt fass wasser;
baj sajn opbild
bet er, wejnendik,
a schtik brojt –

der schotn fun a schlecht wort
schpringt ojf
un derschrekt im –

baj nacht
ojf fremde lewonike schtign
bafaln im sajne trern
wi wilde welf.

3
Blaue Augenblicke
Zünden manchmal
Seine Träume an;
Still und groß
Begegnet er dort den alten Erzvätern;
Und er weint lange vor ihnen.

4
Seine Jugend steigt auf
Im alten Friedhof;
Dort, mit lang vergessenen Toten,
Redet er kühl –
Still küßt er
Den gelben Verfall ihrer Hände.

Vor dem schattigen Bethaus
Spiegelt er grün
Sein Angesicht
In einem alten Wasserfaß;
Von seinem Spiegelbild
Erbettelt er weinend
Ein Stück Brot –

Der Schatten eines bösen Wortes
springt auf
und erschreckt ihn –

Nachts
Auf fremden mondigen Stiegen
Fallen seine Tränen
Wie wilde Wölfe über ihn her.

קיל האָט אַ פויגל אין מיין חלום די ווייטן פֿאַרמאַכט
און טרינקט פֿון מיינע אויגן ווי אין קוואַלן פֿון נאַכט.

אַ פֿרומער זאָגט דריי מאָל: אמן! צו אַ שטערן וואָס פֿאַלט
בשעת צוויי חיות מישן אויס זייער בלוט אין וואַלד.

אַן אַלטער בעט רחמים ביי דער איינזאַמקייט און וויינט;
באַלד האָט אים די ערד מיט איר קאַלט שווייגן פֿאַרשטיינט.

מיין שוועסטער קומט פֿאַרשוויגן מיט אַשיקע טריט צו גיין;
פֿון אירע ליפֿן פֿאַלן רגעס אין מיר ווי פֿאַרסמטע טראָפּנס וויין.

UMET

kil hot a fojgl in majn cholem di wajtn farmacht
un trinkt fun majne ojgn wi in kwaln fun nacht.

a frumer sogt draj mol: omejn! zu a schtern woss falt
beschass zwej chajess mischn ojss sejer blut in wald.

an alter bet rachmim baj der ejnsamkejt un wejnt;
bald hot im di erd mit ir kalt schwajgn farschtejnt.

majn schwesster kumt farschwign mit aschike trit zu gejn;
fun ire lipn faln regess in mir wi farssamte tropnss wajn.

TRAUER

Kühl hat ein Vogel in meinem Traum die Ferne zugeklinkt,
Indes er, wie aus Quellen der Nacht, aus meinen Augen trinkt.

Ein Stern fällt, ein Frommer sagt dreimal Amen. Inzwischen
Seh ich zwei Tiere im Wald ihr Blut vermischen.

Ein Alter fleht die Einsamkeit an, und weint;
Bald hat ihn die Erde mit kaltem Schweigen versteint.

Still, mit Aschetritten, kommt meine Schwester herein;
Von ihren Lippen falln Augenblicke in mich wie vergiftete Tropfen Wein.

שקיעה

טונקל באגעגנט מיך די לעצטע רגע פון שקיעה
ווי א דערשראָקענע חיה ווילד –
פון אירע אשיקע טריט די זוניקע טראָפנס
צערינען ווי מיין שאָטנבילד.

שוין אָטעמט די נאכט אויף שוואַרצע וואָלקנס,
די ווייט לעשט זיך אין לעצטן ליכט;
אונטער דער ערד וועקן זיך פאַרגעסענע דורות
צום נאָכטלעכן שטומען געריכט.

די מרה־שחורה עפנט איצט אלע סמ׳יקע וווּנדן
און ברענט אַזוי שווער און בלינד;
זי קריצט איין אין די פאַרלעשנדיקע אויגן
די סימנים פון   שטראָף און זינד.

שוועסטער, די בלויקייט פון טייך האָט דיך געפאַנגען,
אין אַזאַ רגע פון טיפער נויט
איז דיין לעצטער שמייכל געוואָרן אַ שקיעה־פויגל
וואָס שוועבט צווישן לעבן און טויט.

SCHKIE

tunkl bagegnt mich di lezte rege fun schkie
wi a derschrokene chaje wild –
fun ire aschike trit di sunike tropnss
zerinen wi majn schotnbild.

schojn otemt di nacht ojf schwarze wolknss,
di wajt lescht sich in leztn licht;
unter der erd wekn sich fargessene dojress
zum nachtlechn schtumen gericht.

di more-schchojre efnt izt ale ssam'ike wundn
un brent asoj schwer un blind;
si krizt ajn in di farleschndike ojgn
di ssimonim fun schtrof un sind.

schwesster, di blojkejt fun tajch hot dich gefangen,
in asa rege fun tifer nojt
is dajn lezter schmejchl geworn a schkie-fojgl
woss schwebt zwischn lebn un tojt.

SONNENUNTERGANG

Dunkel begegnet mir ein Rest des Sonnenuntergangs
Wie ein Tier, verschreckt und wild –
Von seinen aschigen Schritten die Sonnentropfen
Zerrinnen wie mein Schattenbild.

Schon atmet die Nacht auf schwarzen Wolken,
Die Ferne verlöscht im letzten Licht;
Unter der Erde erwachen vergeßne Geschlechter
Zum nächtlichen stummen Gericht.

Schwermut öffnet jetzt alle giftigen Wunden
Und brennt so schwer und blind;
Sie ritzt in die verlöschenden Augen
Die Male von Strafe und Sünd.

Schwester, des Flusses Blau hat dich gefangen
Im Augenblick tiefer Not,
Und dein letztes Lächeln wurde zum Abendvogel
Zwischen Leben und Tod.

דורכן טאָטנס ווידוי ציען שווארצע מלאכים
פאַרשוויגן אַזוי און קיל –
נאָר אויף זיין וויסער באָרד און געלע פינגער
וועקט זיך דאָס שקיעה-שפיל.

די רגע צווישן אייביקן סוף און באַגינען
איז ניט חלום, ניט וואָר;
זי איז דאָס ליכט וו גאָט האָט געפונען
פאַר זיך אַן אייביקן קאַיאָר.

אַן איינזאַמע נשמה זיפצט אויף שקיעה-וועגן –
מאַמע, ווייס לייכט דיין געשטאַלט –
יחזקאל גייט איצט שווייגנדיק מיר אַנטקעגן,
נאָר מיין טריט אין אַש צעפאַלט.

durchn tatnss wide zien schwarze malochim
farschwign asoj un kil –
nor ojf sajn wajsser bord un gele finger
wekt sich doss schkie-schpil.

di rege zwischn ejbikn ssof un baginen
is nit cholem, nit wor;
si is doss licht wu got hot gefunen
far sich an ejbikn kajor.

an ejnsame neschome sifzt ojf schkie-wegn –
mame, wajss lajcht dajn geschtalt –
jechesskl gejt izt schwajgndik mir antkegn,
nor majn trit in asch zefalt.

Durch Vaters Beichte ziehen schwarze Engel
Stumm und kühl –
Auf seinem weißen Bart und gelben Fingern
Erwacht das Abendrot-Spiel.

Der Augenblick zwischen Ende und Beginn
Ist nicht Traum, und Wahrheit nicht;
Er ist, wie ihn Gott für sich gefunden:
Ewiges Morgenlicht.

Eine einsame Seele auf Abendrot-Wegen –
Mutter, ich seh dich im Licht!
Hesekiel geht mir schweigend entgegen,
Da mein Fuß in Asche zerbricht.

טרויעריק לעבן

שפּיל איך מיט װאָלקן און װינט,
װײנט די נאַכט פֿאַר מײַן טיר —
אַ יעדער טאָג װאָס צערינט
לעבט װײַטער אין מיר.

שפּיל איך מיט קינדער און שטערן
װײנען מאַמעס פֿאַר מײַן טיר —
יענע, װאָס קענען זײ ניט הערן
לעבן װײַטער אין מיר.

װיפֿל האַס פֿון פֿרעמדע געטער
פֿראָסטיקט פֿאַר מײַן טיר —
דער טרויער פֿון פֿאַלנדיקע בלעטער
האַרבסטיקט װײַטער אין מיר.

װיל איך אַ רגע קין פֿאַרגעסן,
קלאַפֿט הבֿל אין מײַן טיר —
אַזוי דורך פֿאַרקוילטע מעת־לעתן
לעבט ער װײַטער אין מיר.

TROJERIK LEBN

schpil ich mit wolkn un wint,
wejnt di nacht far majn tir —
a jeder tog woss zerint
lebt wajter in mir.

schpil ich mit kinder un schtern
wejnen mamess far majn tir —
jene, woss kenen sej nit hern
lebn wajter in mir.

wifl hass fun fremde geter
frosstikt far majn tir —
der trojer fun falndike bleter
harbsstikt wajter in mir.

wil ich a rege kajin fargessn,
klapt hewl in majn tir —
asoj durch farkojlte mess-lessn
lebt er wajter in mir.

TRAURIGES LEBEN

Spiel ich mit Wolken und Wind,
Weint die Nacht vor meiner Tür –
Jeder Tag, der zerrinnt,
Lebt weiter in mir.

Spiel ich mit Kindern und Sternen,
Weinen Mütter vor meiner Tür –
Auch jene, die es nicht hören,
Leben weiter in mir.

Wieviel Haß von fremden Göttern
Steht eisig vor meiner Tür –
Die Trauer fallender Blätter
Herbstet weiter in mir.

Will ich schon Kain vergessen,
Klopft Abel an meine Tür –
Durch aschige Tage und Nächte hin
Lebt er weiter in mir.

דורך פעלדער פון אלע פֿאַרנאַכטן
ציִען נעפּלען פֿאַר מיין טיר –
אַלע ניט־געשלאָגענע שלאַכטן
לעבן לאַנג שוין אין מיר.

קלאָגט איוב פֿאַר מיטנאַכט־טויערן,
קומען זיינע זין פֿאַר מיין טיר –
און די, וואָס האָט זיי געבוירן,
זיצט אייביק שבעה אין מיר.

ווו איך גיי, ווערט האַרבסט און רעגן,
שקיעה־פֿייגל פֿאַר מיין טיר –
וועמען דער טויט גייט אַנטקעגן,
גייט אויך אַנטקעגן מיר.

durch felder fun ale farnachtn
zien neplen far majn tir –
ale nit-geschlogene schlachtn
lebn lang schojn in mir.

klogt ijow far mitnacht-tojern,
kumen sajne sin far majn tir –
un di, woss hot sej gebojrn,
sizt ejbik schiwe in mir.

wu ich gej, wert harbsst un regn,
schkie-fejgl far majn tir –
wemen der tojt gejt antkegn,
gejt ojch antkegn mir.

Und durch die Abendfelder
Ziehen Nebel vor meine Tür –
Alle nicht-geschlagenen Schlachten
Leben lang schon in mir.

Klagt Hiob vor Mitternachts-Toren –
Seine Söhne vor meiner Tür –
Die Frau, die einst sie geboren,
Sitzt ewig Trauer in mir.

Wo ich geh, wird Herbst und Regen,
Abendvögel vor der Tür –
Geht einem der Tod entgegen,
Dann geht er her zu mir.

לבנה – פֿאַרשליס מיך אין דײַן קאַלטן שװײַגן,
אַ שטויב פֿון דײַן גלאַנץ װיל איך װערן;
יעדעס יאָר אונטער פֿראָסטיקע שטערן
מוז זיך טיפֿער מײַן גוף צו דער ערד נײגן.

די רעגנס פֿאַלן שוין װי פֿאַרלאָשענע פֿונקען.
טונקל װערן דעם טאָגס װײַסע געשטאַלטן;
אינעם האַרץ ליגן װי אין קבֿר באַהאַלטן
אַלע זונען װאָס מײַן אויג האָט געטרונקען.

זע, עס בלוטיקט דער האַרבסט פֿאַר אַלע טירן –
קילער סך־הכּל פֿון שטומע צײַטן!
דעם פֿויגלפֿלי װער װעט באַגלײטן?
פֿון שנייאיקער שטילקייט מײַנע שלעפֿן פֿרירן.

GESANG FUN FARGEJN

lewone – farschliss mich in dajn kaltn schwajgn,
a schtojb fun dajn glanz wil ich wern;
jedess jor unter frosstike schtern
mus sich tifer majn guf zu der erd nejgn.

di regess faln schojn wi farloschene funken.
tunkl wern dem togss wajsse geschtaltn;
inem harz lign wi in kejwer bahaltn
ale sunen woss majn ojg hot getrunken.

se, ess blutikt der harbsst far ale tirn –
kiler ssach-hakl fun schtume zajtn!
dem fojglfli wer wet baglejtn?
fun schnej'iker schtilkejt majne schlefn frirn.

GESANG VOM VERGEHN

Mond, verschließ mich in dein kaltes Schweigen,
Staub von deinem Glanze möcht ich sein;
Ich, unter eisigem Sternenlicht allein,
Muß jährlich den Leib tiefer zur Erde beugen.

Schon fallen die Augenblicke wie erloschne Funken,
Die weißen Taggestalten sind grau zerflossen.
Im Herzen liegen wie im Grab verschlossen
Alle Sonnen, die mein Aug getrunken.

Sieh, es blutet der Herbst vor allen Türen –
Das kühle Fazit unsrer stummen Zeiten!
Wer wird den Vogelflug begleiten?
Wie mir von Eisesstille die Schläfen frieren...

קוים בין איך צום אייגענעם שאָטן דערגאַנגען,
אַשיקט שוין מיין טריט מיט פֿאַרגעסן;
און אויפֿן פֿייער־ראָד פֿון מעת־לעתן
מוז אַן אַנדערער בן־אדם גאָט פֿאַרלאַנגען –

קלאָגסטו, גייסט מיינער, אויף שקיעהדיקע פֿליגל?
איז עס פֿון ניט־געבוירענע ס'קלאָגן ?
ווי, איידער סע הייבט נאָך אָן טאָגן,
ווערט די נאַכט שוין פֿון לעצטן זין דער שפּיגל.

לבנה – פֿאַרשליס מיך אין דיין קאַלטן שווייגן,
אַ שטויב פֿון דיין גלאַנץ וויל איך ווערן;
יעדעס יאָר אונטער פֿראָסטיקע שטערן
מוז זיך טיפֿער מיין גוף צו דער ערד נייגן.

kojm bin ich zum ejgenem schotn dergangen,
aschikt schojn majn trit mit fargessn;
un ojfn fajer-rod fun mess-lessn
mus an anderer ben-odem got farlangen –

klogsstu, gajsst majner, ojf schkiedike fligl?
is ess fun nit-gebojrene ss'klogn?
wej, ejder sse hejbt noch on togn,
wert di nacht schojn fun leztn sin der schpigl.

lewone – farschliss mich in dajn kaltn schwajgn,
a schtojb fun dajn glanz wil ich wern;
jedess jor unter frosstike schtern
mus sich tifer majn guf zu der erd nejgn.

Kaum bis zu meinem eignen Schatten gegangen,
Aschen meine Schritte schon im Vergessen;
Auf dem Feuerrad der Tage indessen
Muß ein andrer Sohn Adams nach Gott verlangen.

Klagst du, mein Geist, auf Abenröteflügeln?
Ist es nicht wie Ungebornen-Klagen?
Wehe, eh es noch beginnt zu tagen,
Sucht die Nacht den letzten Sinn zu spiegeln.

Mond, verschließ mich in dein kaltes Schweigen,
Staub von deinem Glanze möcht ich sein,
Ich, unter eisigem Sternenlicht allein,
Muß jährlich den Leib tiefer zur Erde beugen.

SCHPITOL-BALADE

1

wajsse farscholtene betn –
dem dokterss kile hant
bejnert ojss ojf sskeletn
dem semer fun tojtn-land.
wi wolknss iber jamen
wign sich sifzn in rojm,
wen fun a gojssess zeflamen
tropnss wajsser schojm.

zikzak – wi fledermajs,
falt noch a blik in schajn,
un hintern tojtss schljusn
zerint er wi blut un wajn.
alz waldikt kil un fargessn;
ss lichtikt mer nit kejn wajt;
un ojfn rod fun mess-lessn
gornit gejt ojf un fargejt.

2

in wajss geschpensstische saln
schotenen tunkele hent
un haltn in ajn moln
hieroglifn kil ojf went –
in finztere fassadn
krizt di nacht majn bild arajn;
in majne chalojmess bodn
kranke sich in lewone-schajn.

fiber-regess gefinen
zu majne ojgn a weg,
wiklen sich dort wi schpinen
arum mit scho'en un teg.
chaschchess-farseenischen tretn
wild fun der mojre arojss,
zu kopnss di wajsse betn
grobn sej kworim ojss.

שפּיטאָל־באַלאַדע

א

װײַסע פֿאַרשאָלטענע בעטן —
דעם דאָקטערס קילע האַנט
בײנערט אױס אױף סקעלעטן
דעם זמר פֿון טױטן־לאַנד.
װי װאָלקנס איבער יַמען
װײנען זיך זיפֿצן אין רױם,
װען פֿון אַ גוסס צעפֿלאַמען
טראָפּנס װײַסער שױם.

ציקזאַק — װי פֿלעדערמײַז,
פֿאַלט נאָך אַ בליק אין שײַן,
און הינטערן טױטס שליוזן
צערינט ער װי בלוט און װײַן.
אַלץ װאַלדיקט קיל און פֿאַרגעסן;
ס׳ליכטיקט מער ניט קײן װײַט;
און אױפֿן ראָד פֿון מעת־לעתן
גאָרניט גײט אױף און פֿאַרגײט.

ב

אין װײַס געשפּענסטישע זאַלן
שאָטענען טונקעלע הענט
און האַלטן אין אײן מאָלן
היעראָגליפֿן קיל אױף װענט —
אין פֿינצטערע פֿאַסאַדן
קריצט די נאַכט מײַן בילד אַרײַן;
אין מײַנע חלומות באָדן
קראַנקע זיך אין לבֿנה־שײַן.

פֿיבער־רגעס געפֿינען
צו מײַנע אױגן אַ װעג,
װיקלען זיך דאָרט װי שפּינען
אַרום מיט שעה'ן און טעג.
חשכות־פֿאַרזעענישן טרעטן
װילד פֿון דער מורא אַרױס,
צו קאָפּנס די װײַסע בעטן
גראָבן זײ קבֿרים אױס.

SPITAL-BALLADE

1
Weiße verfluchte Betten –
Des Doktors kühle Hand
Spielt knöchern auf Skeletten
Die Weise vom Totenland.
Wie Wolken über Meeren
Wiegen sich Seufzer im Raum,
An einem Sterbenden flammen
Tropfen von weißem Schaum.

Zickzack – wie Fledermäuse,
Fängt sie der Lichterschein,
Und hinter den Todesschleusen
Zerrinnt er wie Blut und Wein.
Es waldet kühl und vergessen,
Das Licht der Ferne verweht;
Auf dem Rad der Tage und Nächte
Geht das Nichts auf und vergeht.

2
In weiß gespenstischen Sälen
Schattet die dunkle Hand,
Hält inne und malt nicht länger
Hieroglyphen kühl an der Wand –
In finstere Fassaden
Graviert die Nacht mein Bild;
In meinen Träumen baden
Kranke, von Mondlicht umhüllt.

Zu meinem Aug hat Fieber
Seinen Weg gefunden,
Augenblicke wie Spinnen
Umweben Tage und Stunden.
Gespenster der Finsternis treten
Wild aus der Furcht heraus,
Zukopf der weißen Betten
Heben sie Gräber aus.

ג

אין אַלע שקיעה־טײַכן
ציטערט אַ טונקעלער סוד,
װען פֿון די קאַלטע הײכן
רינט דאָס שװײַגן פֿון גאָט.
אָװנט און מאַרמאָר־בילדער
— אַפּאָלינישער פֿאַרזײ —
מאַכן מײן בענקשאַפֿט װילדער
אין קראַנקער שפּיטאָל־אַלײ:

שטערן װי זילבערפֿלײטן.
קילע װאָלקנס און װינט.
לאַכנדיקע מײדלעך באַגלײטן
זײערע חלומות אַצינד.
אָדער די בערג װאָס שטומען,
טיף פֿאַראײנזאַמט און גרױס,
כאַפּן זיך אױף און שװימען
אין בלױען אָװנט אַרױס.

פּערל־טראָפּנס אױף בײמער;
טרערן פֿון צװײַאיק ליכט —
דער אָװנט איז אַ שומר
פֿאַר דעם לעצטן געריכט.
בײַ װײַסע בעטן קניִען
די קראַנקע שװער און קיל;
קען זײַן — אין מאָרגן־פֿריִען
בלײַבן די זײגערס שטיל.

3
in ale schkie-tajchn
zitert a tunkeler ssod,
wen fun di kalte hejchn
rint doss schwajgn fun got.
owent un marmor-bilder
– apolinischer farsej –
machn majn benkschaft wilder
in kranker schpitol-alej:

schtern wi silberflejtn.
kile wolknss un wint.
lachndike mejdlech baglejtn
sejere chalojmess azind.
oder di berg woss schtumen,
tif farejnsamt un grojss,
chapn sich ojf un schwimen
in blojen ownt arojss.

perl-tropnss ojf bejmer;
trern fun zwej'ik licht –
der ownt is a schojmer
far dem leztn gericht.
baj wajsse betn knien
di kranke schwer un kil;
ken sajn, in morgn-frien
blajbn di sejgerss schtil.

3
In allen Abendrot-Flüssen
Ein dunkles Geheimnis bebt,
Wenn aus kalten Höhen
Gottes Schweigen niederschwebt.
Apollinische Saaten –
Abend und Marmorbild –
In kranken Spital-Alleen
Machen mein Sehnen wild.

Sterne wie Silberflöten,
Kühle Wolken, im Wind zerweht,
Lachende Mädchen begleiten
Ihre Träume früh und spät.
Oder die stummen Berge,
Tief vereinsamt und groß,
Stehen auf und schwimmen
In den blauen Abend los.

Perlen-Tropfen auf Bäumen,
Tränen im Dämmerlicht –
Der Abend ist ein Wächter
Vor dem letzten Gericht.
Bei weißen Betten knien
Die Kranken schwer und kühl;
Kann sein, in den Morgenfrühen
Stehen die Uhren still.

ד

דעם דאָקטערס שאָטן גרעסערט
אויף וװענט דעם װײסן צאַר —
אין זײנע אויגן מעסערט
קיל אַ פֿאַרשטיינערטער האָר...
פֿון זײן גיפֿט־שלאָף געפֿאַנגען,
װי אין קבֿר פֿאַרשמאַכט,
איז אַלץ פֿינצטער צעגאַנגען
װי דער רויך פֿון מיטנאַכט.

די װידוי־מינוטן צעטראָגן
דאָס אַש פֿון פֿרייד און באַנג —
און אַלע מײנע פֿאַרטאָגן
שטעלן אָפּ זייער דונערדיקן גאַנג.
די רעגע װאָס האָט מיך געבוירן
כאַפּט מיך לסוף גאָר צום רויב,
און פֿאַר די בראשית־טױערן
זאַמלט זי מיך אײן צום שטויב...

װײסע פֿאַרשאָלטענע בעטן —
דעם דאָקטערס קילע האַנט
ביינערט אויס אויף סקעלעטן
דעם זמר פֿון טויטן־לאַנד.
די שקיעה־רגעס ציען
װי קראַנקע שװער און קיל;
קען זײן — אין מאָרגן־פֿרייען
בלײבן די זײגערס שטיל.

4
dem dokterss schotn gressert
ojf went dem wajssn zar –
in sajne ojgn messert
kil a farschtejnerter har...
fun sajn gift-schlof gefangen,
wi in kejwer farschmacht,
is alz finzter zegangen
wi der rojch fun mitnacht.

di wide-minutn zetrogn
doss asch fun frejd un bang –
un ale majne fartogn
schteln op sejer dunerdikn gang.
di rege woss hot mich gebojrn
chapt mich lessof gor zum rojb,
un far di berejschess-tojern
samlt si mich ajn zum schtojb...

wajsse farscholtene betn –
dem dokterss kile hant
bejnert ojss ojf sskeletn
dem semer fun tojtn-land.
di schkie-regess zien
wi kranke schwer un kil;
ken sajn – in morgn-frien
blajbn di sejgerss schtil.

4
Des Doktors Schatten vergrößert
Auf Wänden den weißen Schmerz –
Ein Herr mit schneidenden Blicken
Und ein versteintes Herz.
Im giftigen Schlaf gefangen
Wie in des Grabes Schacht
Ist alles finster vergangen
Wie der Rauch der Mitternacht.

Die Beichtminuten zerstreuen
Die Asche von Freud und Leid –
Und meine Morgenfrühe
Erstarrt in Einsamkeit.
Der Augenblick, der mich geboren,
Nimmt mich endlich zum Raub,
Und vor den Eingangs-Toren
Liest er mich in den Staub...

Weiße verfluchte Betten –
Des Doktors kühle Hand
Spielt knöchern auf Skeletten
Die Weise vom Totenland.
Die Abendminuten ziehen
Wie Kranke schwer und kühl;
Kann sein, in den Morgenfrühen
Stehen die Uhren still.

SCHREK FARN TOJT

in gortn fun a geschpensstikn cholem
firt mich a frosstike hant arajn;
zwischn bejmer schwajgn lewonik
sstatuess – halb mentsch, halb schtejn.

sejere ongezundene neschomess in wint
flatern lajcht wi a falndik blat –
in schwarze rojsn woss gejen ojf
brenen grine ojgn schwer un mat.

ajn sstatue wajst on ojf a tunkeler tif,
wu fun tojt der friling blit;
emez drejt sich dort kil un schtum
in ssimonim aschike fun majne trit.

kalt zeworfn ligt majn gebejn dort
in der ejbik fargessener tif;
ojf der finzternisch schwimt majn scharbn
wajss un kalt wi a lewonik schif.

a zwejte halt majn geschpaltn harz,
wu schlangen nesstikn sich ajn –
in gortn fun a geschpensstikn cholem
firt mich a frosstike hant arajn.

TODESANGST

In den Garten des gespenstigen Traums
Führt mich die frostige Hand hinein;
Zwischen Bäumen schweigen wie Monde
Statuen – halb Mensch, halb Stein.

Ihre angezündeten Seelen im Wind
Flattern leicht wie ein fallendes Blatt –
In schwarzen Rosen, die erblühn,
Brennen grüne Augen schwer und matt.

Eine Skulptur weist in dunkle Tiefen hinab,
Wo der Frühling blüht in Todes Mitte;
Und jemand wirbelt kühl und stumm
In den Aschezeichen meiner Schritte.

Kalt zerstreut liegt dort mein Gebein
In der ewig vergessenen Schicht;
Auf der Finsternis schwimmt mein Schädel
Weiß und kalt wie ein Schiff aus Mondenlicht.

Eine andre Skulptur hält mein gespaltnes Herz,
Wo die Schlange Unterschlupf fand –
In den Garten des gespenstigen Traums
Führt mich die frostige Hand.

ביים אָפֿענעם קבֿר פֿון אַ דיכטער

האָבן זיך אין שוואַרצע קיטלען איינגעהילט שוין אַלע אויגן?
שוין ציען די מינוטן אין טיפֿע יללות פֿאַרביי;
אַ צויבערפֿלי האָט זיין קרייז אַריינגעבויגן
אין דער טונקל־פֿאַרגליווערטער טויטן־אַליי.

אָפּגעשלאָסן איז דיין זון אונטער נאַכטלעכן ריגל;
ווער באַטרעט איצט דיין בלוי־פֿאַרלאָזענעם טראָן?
פֿראָסטיק שווייגן הילט אין דיינע אָדלער־פֿליגל,
שווער צערינט זייער לעצטער קרישטאָליקער טאָן.

אין אַלע דיינע זוניק און שקיעהדיקע געזאַנגען,
אין ווייסע נעפּלען בלאָנדזשענדיק דורך דער שטאָט,
איז תּמיד דער טויט מיט דיר קאַלט מיטגעגאַנגען,
ביז זיין אָטעם האָט אויסגעלאָשן דיין הייסן טראָט.

BAJM OFENEM KEJWER FUN A DICHTER

hobn sich in schwarze kitlen ajngehilt schojn ale ojgn?
schojn zien di minutn in tife jeloless farbaj;
a zojberfli hot sajn krajs arajngebojgn
in der tunkl-fargliwerter tojtn-alej.

opgeschlossn is dajn sun unter nachtlechn rigl;
wer batret izt dajn bloj-farlosenem tron?
frosstik schwajgn hilt ajn dajne odler-fligl,
schwer zerint sejer lezter krischtoliker ton.

in ale dajne sunik un schkiedike gesangen,
in wajsse neplen blondshendik durch der schtot,
is tomed der tojt mit dir kalt mitgegangen,
bis sajn otem hot ojssgeloschn dajn hejssn trot.

AM OFFNEN GRAB EINES DICHTERS

Sind alle Augen von schwarzen Totenhemden verhüllt?
Schon ziehn die Minuten dahin in Jammer und Weh;
Ein Zauberflug kreist in die Kurve und lenkt
In die dunkel starre Totenallee.

Weggeschlossen ist deine Sonne vom nächtlichen Riegel;
Wer besetzt deinen blau-verlassenen Thron?
Frostiges Schweigen umhüllt deine Adlerflügel,
Schwer zerrinnt ihr letzter kristallner Ton.

In all deinen Sonnenauf- und Untergangsliedern,
Irrend durch die Stadt, in weiße Nebel gehüllt,
Ging immer der kalte Tod an deiner Seite,
Bis sein Atem deine heißen Schritte gestillt.

טראָנט נאָך די זון אויף אונדזער אבלדיקן שטערן ?
כישופט נאָך אין אונדזער אויג איר צעהעלטע ווייט ?
אין חלומען איז דער צייט־שלאַג, וואָס מיר פאַרהערן,
אַ קאַלטער קוש פון דער טונקלער אין־סופיקייט.

האָבן זיך אין שוואַרצע קיטלען איינגעהילט שוין אַלע אויגן ?
אין אָפענעם קבר אָטעמט די פינצטערניש אַליין —
אַ צויבערפֿלי קוים איז ער זינגענדיק אָנגעפלויגן,
פאַרלעשט אים אַ פרעמדער קדיש אין אייביקן אמן.

פון אוראַלטן קוואַל טרינקט קיל דער טויט.

tront noch di sun ojf undser owldikn schtern?
kischeft noch in undser ojg ir zehelte wajt?
in cholemen is der zajt-schlog, woss mir farhern,
a kalter kusch fun der tunkler ejn-ssofikejt.

hobn sich in schwarze kitlen ajngehilt schojn ale ojgn?
in ofenem kejwer otemt di finzternisch alejn –
a zojberfli kojm is er singendik ongeflojgn,
farlescht im a fremder kadisch in ejbikn omejn.

fun uraltn kwal trinkt kil der tojt.

Thront noch Sonne auf unsrer trauernden Stirn?
Hält für unser Aug noch zaubrische Helle bereit?
Beim Träumen ist der Stundenschlag, den wir hören,
Eisiger Kuß der dunklen Unendlichkeit.

Sind alle Augen von schwarzen Totenhemden verhüllt?
Aus dem offnen Grab atmet das Dunkel herauf –
Ein Zauberflug, kaum flog er singend her,
Löst ihn ein fremder Kaddisch im ewigen Amen auf.

Kühl trinkt der Tod von der uralten Quelle.

«נײַ־יאָר»

חלום און שפּיל – שעה'ן פֿלאַמיקע,
ווי אָדלער אויפֿגענעוויגטע פֿון אונדזער בליק –
טײל מאָל קומט איר אויך אין טרערן סמ'יקע
וואָס פֿירן אין גאָטס שווײַגן ווידער צוריק.

מאַן און ווײַב – נאַכטלעכע פֿאַרלאַנגן,
– שטאַרבן כּסדר אין אייביקן געבוירן זײַן;
ווען אונדזער אויגנליכט איז קיל צעגאַנגען,
ברענט פֿון אונדזער בלוט נאָך אַ לעצטע שײַן.

טאָג און יאָר – שפּיגלען אוראַלטע,
מיר וואַקסן מיט אײַך פֿון קינד, מאַן, ביזן גרײַז,
און איר דרייט זיך ווי די שטערן נאַקעט און קאַלטע
און שליסט אונדז לסוף אײַן אין אײַער בלינדן קרײַז.

»NAJ-JOR«

cholem un schpil – scho'en flamike,
wi odler ojfgewigte fun undser blik –
tejl mol kumt ir ojch in trern ssam'ike
woss firn in gotss schwajgn wider zurik.

man un wajb – nachtleche farlangn,
– schtarbn kessejder in ejbikn gebojrn sajn;
wen undser ojgnlicht is kil zegangen,
brent fun undser blut noch a lezte schajn.

tog un jor – schpiglen uralte,
mir wakssn mit ajch fun kind, man, bisn grajs,
un ir drejt sich wi di schtern naket un kalte
un schlisst undss lessof ajn in ajer blindn krajs.

»NEUJAHR«

Traum und Spiel – flammende Stunden,
Wie Adler, getragen von unserm Blick –
Manchmal kommt ihr in giftigen Tränen,
Die führen uns in Gottes Schweigen zurück.

Mann und Frau – nächtliches Verlangen,
Stirb und Werde in immer neuer Glut;
Wenn unser Augenlicht schon kühl vergangen ist,
Brennt noch ein letzter Feuerschein in unserm Blut.

Tage und Jahre, diese uralten Spiegel,
Wir wachsen mit euch vom Kind zum Mann, zum Greis,
Und ihr kreist wie die Sterne, die nackten und kalten,
Schließt uns endlich ein in euern blinden Kreis.

באַלאַדע

דער אַלטער רעדט טרויעריק מיטן ווינט.
פֿאַרנאַכט־גלאָקן ציטערן שווער און לאַנג.
אַ בלויער נעפּל פֿון זײַנע פֿינגער רינט.
די זון בלוטיקט שווער אין אונטערגאַנג.

אַרבעטער פֿאַלן שוואַרץ אין גאַסן אַרײַן,
גרוי בליט זייער הונגעריק שווײַגן.
ברוין גלאַנצט אויף דעם אַספֿאַלט־שײַן
דער קאַלטער שאָטן פֿון אָפּגעדאַרטע צווײַגן.

דער אַלטער רעדט פֿאַרשווײַגן מיטן ווינט:
»גוט איז, אַז מען מוז שטאַרבן.«
אין פֿויגלפֿלי זײַן קילער בליק צערינט.
»אָ, גוט איז, אַז מען מוז שטאַרבן!

גוט איז! די ערד קען אַזוי טיף שווײַגן
ווי דער גאָלדענער רינג אויף דער האַנט.« –
שאָטנדיק אין אָפּגעדאַרטע צווײַגן
טונקלט אויף פֿאַר אים דאָס טויטנלאַנד.

BALADE

der alter redt trojerik mitn wint.
farnacht-glokn zitern schwer un lang.
a blojer nepl fun sajne finger rint.
di sun blutikt schwer in untergang.

arbeter faln schwarz in gassn arajn,
groj blit sejer hungerik schwajgn.
brojn glanzt ojf dem assfalt-schajn
der kalter schotn fun opgedarte zwajgn.

der alter redt farschwign mitn wint:
»gut is, as men mus schtarbn.«
in fojglfli sajn kiler blik zerint.
»o, gut is, as men mus schtarbn!

gut is! di erd ken asoj tif schwajgn
wi der goldener ring ojf der hant.« –
schotndik in opgedarte zwajgn
tunklt ojf far im doss tojtnland.

BALLADE

Der Alte redet traurig mit dem Wind.
Abendglocken zittern schwer und lang.
Ein blauer Nebel von seinen Fingern rinnt.
Die Sonne blutet schwer im Untergang.

Arbeiter fallen schwarz in Gassen ein,
Grau blüht ihr hungriges Schweigen.
Braun glänzt auf dem Asphalt-Widerschein
Der kalte Schatten von verdorrten Zweigen.

Der Alte redet schweigend mit dem Wind:
»Gut, daß man sterben muß«.
Im Vogelflug sein kühler Blick zerrinnt.
»Wie gut, daß man sterben muß!

Wie gut! So tief kann Erde schweigen –
Wie der goldene Ring an der Hand.«
Vor ihm, schattend in dürren Zweigen,
Dunkelt das Totenland.

האַרבסט

האַרבסט און ווינט,
אומעטיקע טונקעלע קלאַנגען;
דער נעפּל רינט
ווי פֿאַרלאָשענע אָרגל־געזאַנגען.

ברענט איר אויס,
יאָר־צייטן אין קילן שווייגן;
אור־אַלט גרויס
בלוטיקט איר פֿון די צווייגן.

ווי שטיל וויגט
דער האַרבסט זײנע געלע געשטאַלטן;
וויפֿל צער ליגט
אין דעם פֿאַלנדיקן בלאַט באַהאַלטן.

דורך דיין בליק
טונקלען די שוואַלבן שוין און ציען;
באַלד קומט צוריק
די מעלאַנכאָליע פֿון שנייאיקע פֿריען.

האַרבסט און ווינט,
סמ'יקע טרערן אין קילן ווײן;
פֿון אַלץ רינט
דאָס אייביקע שווערע פֿאַרגיין.

HARBSST

harbsst un wint,
umetike tunkele klangen;
der nepl rint
wi farloschene orgl-gesangen.

brent ir ojss,
jor-zajtn in kiln schwajgn;
ur-alt grojss
blutikt ir fun di zwajgn.

wi schtil wigt
der harbsst sajne gele geschtaltn;
wifl zar ligt
in dem falndikn blat bahaltn.

durch dajn blik
tunklen di schwalbn schojn un zien;
bald kumt zurik
di melancholie fun schnej'ike frien.

harbsst un wint,
ssam'ike trern in kiln wajn;
fun alz rint
doss ejbike schwere fargejn.

HERBST

Herbst und Wind,
Traurige dunkle Klänge;
Der Nebel rinnt
Wie verloschne Orgelgesänge.

Brennt ihr kalt,
Jahrtag im kühlen Schweigen;
Groß, uralt
Blutet ihr von den Zweigen.

Wie still der Herbst
Seine gelben Gestalten wiegt;
Wieviel Schmerz
In fallenden Blättern liegt.

Durch deinen Blick
Dunkeln die Schwalben und ziehen;
Bald kommt die Schwermut zurück
Der schneeigen Morgenfrühen.

Herbst und Wind,
Gifttränen in kühlem Wein;
Von überall bricht
Untergang herein.

זע, שוין פֿאַלן די רגעס ווי שטערנדיקער שטויב
און פֿאַרלעשן אין אונדזער אויגנליכט די צייט;
און פֿאַלנדיק אָטעמען זיי אויס אַ לעצטן לויב
פֿאַר דער אייביקייט וואָס האָט זייער לעבן באַגלייט.

דערקען, אין אונטערגאַנג נעמט ער דיך נאָך גרויס
אַ לעצט מאָל אין זיין שווייגן ווידער אויף;
וווּ די לעבעדיקע רגע האָט אים אָפּגעשפּיגלט בלויז,
פֿירט זי דיך אין פֿאַלן מיט זיין אין־סוף צונויף.

אַזוי ביסטו פֿאַר אַלע דורות נאָר זיין טיפֿער זין,
זיין ברענענדיקער צייכן פֿאַר לעבן און טויט;
און ווען ער שפּיגלט זיך אין זיין בראשית־באַגין,
ביסטו זיין פֿרייד און זיין פֿאַרשוויגענע נויט.

DU

se, schojn faln di regess wi schterndiker schtojb
un farleschn in undser ojgnlicht di zajt;
un falndik otemen sej ojss a leztn lojb
far der ejbikejt woss hot sejer lebn baglejt.

derken, in untergang nemt er dich noch grojss
a lezt mol in sajn schwajgn wider ojf;
wu di lebedike rege hot im opgeschpiglt blojs,
firt si dich in faln mit sajn ejn-ssof zunojf.

asoj bisstu far ale dojress nor sajn tifer sin,
sajn brenendiker zejchn far lebn un tojt;
un wen er schpiglt sich in sajn berejschess-bagin,
bisstu sajn frejd un sajn farschwigene nojt.

Siehe, schon fallen die Augenblicke wie Sternenstaub,
Und sie löschen in unsern Augen die Zeit;
Und stürzend atmen sie letzten Lobgesang
Für: die ihr Leben begleitet, die Ewigkeit.

Erkenn, Er nimmt dich noch groß im Untergang
Zum letzten Male in sein Schweigen auf;
Wo der lebende Augenblick ihn nur gespiegelt hat,
Wird der, stürzend, eins mit dem ewigen Lauf.

Du, für alle Geschlechter der tiefe Sinn,
Und sein Brandzeichen für Leben und Tod;
Und wenn er sich im Schöpfungsmorgen spiegelt,
Bist du seine Freude und seine verschwiegene Not.

די שװאַרצע װאַסערן

אין שװאַרצע װאַסערן
שפּיגלסטו קיל דײַן פּנים
צייכנסט טונקעלע סימנים
אין שװאַרצע װאַסערן.

װען דײַן מרה־שחורה
גייט אױף שװער צו די שטערן
פֿאַלן מלאכימס שװאַרצע טרערן
אין דײַן מרה־שחורה.

דײַנע אױגן קילן
טײַכן פֿון לבֿנות;
װען די נאַכטלעכע סכּנות
דײַנע אױגן קילן.

נאָך אַשיקט דײַן תּפֿילה
בײַ פֿאַרלאָשענע קװאַלן
װוּ אַלץ אָטעמט מיט צעפֿאַלן
אַשיקט נאָך דײַן תּפֿילה.

DI SCHWARZE WASSERN

in schwarze wassern
schpiglsstu kil dajn ponem
zejchnsst tunkele ssimonim
in schwarze wassern.

wen dajn more-schchojre
gejt ojf schwer zu di schtern
faln malochimss schwarze trern
in dajn more-schchojre.

dajne ojgn kiln
tajchn fun lewoness;
wen di nachtleche ssakoness
dajne ojgn kiln.

noch aschikt dajn tfile
baj farloschene kwaln
wu alz otemt mit zefaln
aschikt noch dajn tfile.

DIE SCHWARZEN WASSER

In schwarzen Wassern
Spiegelst du kühl dein Gesicht,
Schreibst dunkle Zeichen
In schwarze Wasser.

Steigt deine Schwermut
Schwer zu den Sternen auf,
Fallen schwarze Tränen der Engel
In deine Schwermut.

Deine Augen kühlen
Mondenflüsse;
Wenn die Gefahren der Nacht
Deine Augen kühlen.

Noch ascht dein Gebet
An versiegten Quellen,
Wo alles Untergang atmet,
Ascht noch dein Gebet.

נאָטס פֿאַרשטיינערט שװײַגן
פֿאַרברענט דײַן חלומס פֿליגל;
איבער קבֿרים – טויטע שפּיגל
נאָטס פֿאַרשטיינערט שװײַגן.

אַזוי ציסטו דורך רגעס
אין צערין פֿון מעת-לעתן
פֿון אייגענעם שאָטן פֿאַרגעסן
ציסטו אַזוי דורך רגעס.

ביז שװאַרצע װאַסערן
פֿאַרלעשן קיל דײַן פּנים
און ס'װינטיקן אָפֿ סימנים
אויף שװאַרצע װאַסערן.

gotss farschtejnert schwajgn
farbrent dajn cholemss fligl;
iber kworim – tojte schpigl
gotss farschtejnert schwajgn.

asoj zisstu durch regess
in zerin fun mess-lessn
fun ejgenem schotn fargessn
zisstu asoj durch regess.

bis schwarze wassern
farleschn kil dajn ponem
un ss'wintikn op ssimonim
ojf schwarze wassern.

Gottes steinernes Schweigen verbrennt
Die Flügel deines Traums;
Über Gräbern – tote Spiegel,
Gottes steinernes Schweigen.

So ziehst du durch Augenblicke
Zerrinnender Tage und Nächte,
Vom eignen Schatten vergessen,
Ziehst du durch Augenblicke.

Bis die schwarzen Wasser
Kühl dein Gesicht verlöschen,
Und es verwehn die Zeichen
Auf schwarzen Wassern.

דו וואָס פרעגסט ביים בלינדן גורל

פרעג ניט ביים בלינדן גורל –
געחתמעט איז צייט און אָרט,
אין די רוישנדיקע רגעס
עמעץ גיט סימנים דאָרט.

אפשר איז עס דער ווייטער הימל
וואָס ברעננט נעענטער די ערד –
דאָס שטומע געבעט פון אַ חיה
וואָס די מיטנאַכט דערהערט.

דער ניט־געבוירענער שמייכל
וואָס זוכט אַ וועג צום קינד –
דער שטילער זיפץ פון טויטע
צעבליט אין מיטנאַכט־ווינט.

די פאַרבאָרגענע טיף אין אויג
וואָס איז גאָטס לעצטער סוד –
אַ טונקעלער סימן פון בראשית
וואָס יעדע מיטנאַכט האָט.

DU WOSS FREGSST BAJM BLINDN GOJRL

freg nit bajm blindn gojrl –
gechasmet is zajt un ort,
in di rojschndike regess
emez git ssimonim dort.

efscher is ess der wajter himl
woss brengt neenter di erd –
doss schtume gebet fun a chaje
woss di mitnacht derhert.

der nit-gebojrener schmejchl
woss sucht a weg zum kind –
der schtiler sifz fun tojte
zeblit in mitnacht-wint.

di farborgene tif in ojg
woss is gotss lezter ssod –
a tunkeler ssimen fun berejschess
woss jede mitnacht hot.

DU, DER DAS BLINDE SCHICKSAL BEFRAGT

Frag nicht das blinde Geschick –
Besiegelt sind Zeit und Ort,
In den rauschenden Augenblicken
Gibt jemand ein Zeichen dort.

Bringt uns der weite Himmel
Näher die Erd?
Das stumme Gebet eines Tieres,
Das die Mitternacht hört.

Das ungeborne Lächeln
Sucht sich den Weg zum Kind –
Der stille Seufzer der Toten
Blüht auf im Mitternachtswind.

Diese Tiefe im Aug,
Die Gottes Geheimnis birgt –
Ein dunkles Zeichen der Schöpfung,
Das in jeder Mitternacht wirkt.

די רעגנבויגנס פון נשמות
אויפן קײן־שטערן פון צײט,
פֿאַרלאָשענע אין יענע טיפן
וווּ דער מיטנאַכט־רויך גייט.

די וואַרטנדיקע רעגע פאַר טירן
וואָס שפּיגלט נאָר זיך אַליין —
און טראָגט אין קילע בעכער
דעם ביטערן מיטנאַכט־ווײַן.

די וואָס ווערן איצט געבוירן,
די וואָס שטאַרבן אַצינד —
אין אַלץ ביסטו אַ רמז פאַר אַלעם
וואָס בליט אין מיטנאַכט און צערינט.

פֿרעג ניט בײַם בלינדן גורל —
געחתמעט איז צײַט און אָרט;
אין די פֿאַלנדיקע רעגעס
עמעץ גיט סימנים דאָרט.

di regnbojgnss fun neschomess
ojfn kajin-schtern fun zajt,
farloschene in jene tifn
wu der mitnacht-rojch gejt.

di wartndike rege far tirn
woss schpiglt nor sich alejn –
un trogt in kile becher
dem bitern mitnacht-wajn.

di woss wern izt gebojrn,
di woss schtarbn azind –
in alz bisstu a remes far alem
woss blit in mitnacht un zerint.

freg nit bajm blindn gojrl –
gechasmet is zajt un ort;
in di falndike regess
emez git ssimonim dort.

Die Seelenregenbogen,
Auf der Kainsstirn der Zeit entfacht,
Verloschen in den Tiefen
Und im Rauch der Mitternacht.

Das Warten vor den Türen
Spiegelt nur sich allein
Und trägt in kühlem Becher
Den bittren Mitternachtswein.

Die einen, zur Welt gekommen,
Die andern gehn aus der Welt –
Du bist ein Zeichen für alles,
Was mitternachts blüht und zerfällt.

Frag nicht das blinde Geschick –
Besiegelt sind Zeit und Ort,
In den fallenden Augenblicken
Gibt jemand ein Zeichen dort.

צום אין־סוף

א

תּמיד װען איך גלייב די טויטע אין װינט צו הערן,
איז עס מײן גורל װאָס רײסט קריעה פֿון הימל און שטערן.

באַצװוּנגען װיל ער זאָלסטו דאָס גיהנום פֿון דײן שטראָף
און אָפּװיקלען פֿון מיר דאָס אייביקע שטאַרבן אין אין־סוף.

נאָר דו פֿערלסט די סמיקע טױען אין דורותדיקער שרעק,
װאָס האָט אױפֿן ראָד פֿון מעת־לעתן קײן אָנהייב, קײן עק.

און װי אַ דולער בײ די טױערן פֿון דײן אייביק געריכט,
קריך איך אַרום בלינד געװאָרן פֿון דעם אײגענעם ליכט,

און שפּיר: דײנע רגעס פּױקן מיט קאַלטע פֿינגער פֿון אײז
אין די אָנגעצונדענע שאַרבנס פֿון קינד ביז צו דעם גרײז.

נאָר דו שװײגסט. און איך װייס אפֿילו ניט צי איך בין
דער פֿאַרגליװערטער טראָפּן װוּ ס'ליגט דײן בראשית־זין.

אַז געפֿאַנגען בין איך אייביק אין גיהנום פֿון דײן גלוסט
װאָס אָטעמט שױן אין דער מילך פֿון דער מאַמעס ברוסט.

ZUM EJN-SSOF

I

tomed wen ich glejb di tojte in wint zu hern,
is ess majn gojrl woss rajsst krie fun himl un schtern.

bazwungen wil er solsstu doss gehenem fun dajn schtrof
un opwiklen fun mir doss ejbike schtarbn in ejn-ssof.

nor du perlsst di ssamike tojen in dojressdiker schrek,
woss hot ojfn rod fun mess-lessn kejn onhejb, kejn ek.

un wi a duler baj di tojern fun dajn ejbik gericht,
krich ich arum blind geworn fun dem ejgenem licht,

un schpir: dajne regess pojkn mit kalte finger fun ajs
in di ongezundene scharbnss fun kind bis zu dem grajs.

nor du schwajgsst. un ich wajss afile nit zi ich bin
der fargliwerter tropn wu ss'ligt dajn berejschess-sin.

as gefangen bin ich ejbik in gehenem fun dajn glusst
woss otemt schojn in der milch fun der mamess brusst.

AN DIE UNENDLICHKEIT

I
Immer wenn ich glaub, die Toten im Wind zu hörn,
Ist es: mein Schicksal, Trauer reißend in Himmel und Stern.

Es will, du sollst die Höllenstrafen bezwingen,
In mir das ewige Sterben niederringen.

Du perlst den giftigen Tau in die Schrecken der Zeit,
Sie kreisen Tag und Nacht in Ewigkeit.

Und wie ein Verwirrter am Tor deines ewigen Gerichts
Kriech ich blind, ein Opfer des eigenen Lichts.

Und spür: deine Augenblicke trommeln mit Fingern von Eis
Auf die brennenden Schädel von Kind und Greis.

Doch du schweigst, und ich weiß nicht, ob ich bin
Der erstarrte Tropfen, und drinnen: dein Schöpfungs-Sinn.

Ich, seit ewig gefangen in der Hölle deiner Lust –
Die atmete schon in der Milch der Mutterbrust.

ב

וועל איך קומען צו דיר אויף דעם אָטעם פֿון דער נאַכט
און דיך פֿעסטיקן מיט די שלאַנגען פֿון מײַן געדאַכט.

אַז די זעלבע קללה זאָל אייביק דיבוקן אין אונדזער בלוט,
ביז דער גומען וועט ניט שפֿירן וואָס שלעכט איז, וואָס גוט.

חתמענען זאָל אונדז די פּײַן פֿון דעם אייביקן ווערן,
ביז אונדזער אויג וועט מער ניט אָנצינדן קיין טרערן.

אויף די תליות פֿון שווײַגן זאָלן אונדז די טויטע הענגען,
ביז קיין פֿויגל וועט מער ניט צו אונדז דעם הימל ברענגען.

אַזוי אין צער פֿון אין־סופֿיקן געבוירן ווערן און פֿאַרגיין,
צוגענאָפּלט צו יעטוועדן לעבן און דאָך וואָגלען אַליין,

ביז די ערד וועט מער ניט אָננעמען אונדזער אַשיקן טראָט;
ווי לאַנג דער אָדם וועט געפֿאַנגען ליגן בײַ דיר – אָ, גאָט,

דאַן וועל איך דיך צו מײַנע אָבלדיקע אויגן פֿאַרקייטן;
ברענען זאָלן מיר צוזאַמען אויפֿן מזבח פֿון אַלע צײַטן!

2

wel ich kumen zu dir ojf dem otem fun der nacht
un dich fesstikn mit di schlangen fun majn gedacht.

as di selbe klole sol ejbik dibukn in undser blut,
bis der gumen wet nit schpirn woss schlecht is, woss gut.

chassmenen sol unds di pajn fun dem ejbikn wern,
bis undser ojg wet mer nit onzindn kejn trern.

ojf di tliess fun schwajgn soln unds di tojte hengen,
bis kejn fojgl wet mer nit zu unds dem himl brengen.

asoj in zar fun ejn-ssofikn gebojrn wern un fargejn,
zugenoplt zu jedwedn lebn un doch woglen alejn,

bis di erd wet mer nit onnemen undser aschikn trot;
wi lang der odem wet gefangen lign baj dir – o, got,

dan wel ich dich zu majne owldike ojgn farkejtn;
brenen soln mir zusamen ojfn misbejech fun ale zajtn!

2
Will ich auf dem Atem der Nacht zu dir gelangen
Und dich fesseln mit Gedankenschlangen.

Ewig soll der Fluch geistern in unserm Blut,
Bis der Gaumen ertaubt für schlecht oder gut.

An der Qual ewigen Werdens soll man uns kennen,
Unser Aug soll nie mehr von Tränen brennen.

Die Toten erhängen uns am Galgen des Schweigens,
Nie mehr wird ein Vogel uns den Himmel zeigen.

So in ewiger Geburts- und Sterbenspein
Angenabelt an jedes Leben, und immer allein.

Unsern Aschetritt duldet die Erde nicht mehr.
Wie lang noch liegt Adam bei Dir gefangen, o Herr?

Meine Traueraugen und dich wird keiner mehr trennen,
Wenn wir auf dem Zeitenaltar für ewig brennen.

דער מענטש

איך בין די איינזאַמקייט פֿון שטעט,
די ליבע, דער וויין און ברויט;
דאָס ניט־דערזאָגטע געבעט
פֿון לעבן און פֿון טויט;
דער געפֿרוירענער גלאַנץ פֿון שטערן
נאַקעט אין זייער וואַנדערן;
מיין געלעכטער קען מען הערן
אין געוויין פֿון אַן אַנדערן.

איך בין די פֿאַרלוירענע שלאַכטן און זיגן,
די נאַכט אַרום דער ערד,
די בראשית־לעגענדעס, דער ניגון,
דער טראָפּן בלוט אויף דער שווערד;
איך בין דער באַגין אין מיטן
פֿון אַלץ וואָס פֿאַרגייט –
פֿיל־אָן די וועלט מיט מינוטן,
אין אומענדלעכן – איך בין די צייט.

DER MENTSCH

ich bin di ejnsamkejt fun schtet,
di libe, der wajn un brojt;
doss nit-dersogte gebet
fun lebn un fun tojt;
der gefrojrener glanz fun schtern
naket in sejer wandern;
majn gelechter ken men hern
in gewejn fun an andern.

ich bin di farlojrene schlachtn un sign,
di nacht arum der erd,
di berejschess-legendess, der nign,
der tropn blut ojf der schwerd;
ich bin der bagin in mitn
fun alz woss fargejt –
fil-on di welt mit minutn,
in umendlechn – ich bin di zajt.

DER MENSCH

Ich bin die Einsamkeit der Städte,
Die Liebe, ich bin Wein und Brot,
Bin ungesprochene Gebete
Vom Leben und vom Tod,
Bin der gefrorne Glanz der Sterne,
Nackt in ihrem Wandern,
Und mein Gelächter kann man hören
Im Weinen des andern.

Ich bin: verlorne Schlachten und Siege,
Die Nacht um unsere Erd,
Die Schöpfungslegenden, die Lieder,
Blutstropfen auf dem Schwert,
Ich bin der Beginn inmitten
All der Vergänglichkeit –
Die Welt – ich füll sie mit Minuten
Unendlich – bin die Zeit.

איך בין דער טורעם און דער בויגן,
דער קרייז, דאָס ליכט,
די בריק צווישן אונדזערע אויגן,
דער פֿאַרמשפּטער און דאָס געריכט;
דער אָדלער מיט די פֿייער־פֿליגל,
אַן אויסגעלאָשענער פֿאַקל;
פֿון מיין אורפֿאָטער דער שפּיגל
אויף דער דורותדיקער שוועל.

איך בין די וועלדער אויף דער לבֿנה,
דער בליק פֿון מיר צו דיר,
און די טונקעלע סכּנה
פֿאַר יעדער באַלויכטענער טיר;
איך בין די זון אויף מיין שטערן,
דער שאָטן פֿון מיין טראָט –
און אין אייביקן פֿאַרגיין און ווערן
דער אָטעם פֿון גאָט.

ich bin der turem un der bojgn,
der krajs, doss licht,
di brik zwischn undsere ojgn,
der farmischpeter un doss gericht;
der odler mit di fajer-fligl,
an ojssgeloschener fakel;
fun majn urfoter der schpigl
ojf der dojresdiker schwel.

ich bin di welder ojf der lewone,
der blik fun mir zu dir,
un di tunkele ssakone
far jeder balojchtener tir;
ich bin di sun ojf majn schtern,
der schotn fun majn trot –
un in ejbikn fargejn un wern
der otem fun got.

Ich bin der Turm, der Bogen,
Der Kreis, das Licht,
Die Brücke zwischen unsern Augen,
Bin Delinquent und Gericht,
Der Adler mit den Feuerflügeln,
Eine Fackel, schon erstickt,
Bin meines Urvaters Spiegel,
Der auf all die Geschlechter blickt.

Ich bin die Wälder auf dem Mond,
Der Blick von mir zu dir,
Ich bin die dunkle Gefahr
Vor jeder beleuchteten Tür,
Bin die Sonne auf meiner Stirn
Und meiner Schritte Schatten,
Im ewigen Stirb und Werde
Bin ich Gottes Atem.

מענטשלעכער טרויער

א

בײ נאַכט
פֿאַרגעסן מיר די רגע
פֿון אונדזער געבוירן
און אויף טונקעלע שטיגן
שטײגן מיר אַראָפּ אין דער צײט;
אונדזער לעצטע האָפענונג
קריצן מיר אײן
אין שטערנס קרישטאָליקע
פֿון ניט־געבוירענע קינדער.

פֿון אונדזערע אויגן
ווייעט
דאָס קאַלטע פֿײער
פֿונעם הימלס שווײגן;
דער שווייס
פֿון אונדזער שרעק
מישט אונדז אויס מיטן טויט.

ב

ווען דו זאָגסט: גאָט!
מיינסטו דעם ווײסן שאָטן
פֿון דער מענטשלעכער אײנזאַמקייט
אָדער
דעם ברענענדיקן טיגער
אין די וועלדער פֿון דער נאַכט?

אין חלום
רעדט גאָט צו דיר
דורכן אָדלערס טרויער
און נעמט דיך מיט
אין זײנע פֿאַרשוויגענע ווײטן
– ווען דו זאָגסט: גאָט!

MENTSCHLECHER TROJER

1

baj nacht
fargessn mir di rege
fun undser gebojrn
un ojf tunkele schtign
schtajgn mir arop in der zajt;
undser lezte hofenung
krizn mir ajn
in schternss krischtolike
fun nit-gebojrene kinder.

fun undsere ojgn
wejet
doss kalte fajer
funem himlss schwajgn;
der schwejss
fun undser schrek
mischt unds ojss mitn tojt.

2

wen du sogsst: got!
mejnsstu dem wajssn schotn
fun der mentschlecher ejnsamkejt
oder
dem brenendikn tiger
in di welder fun der nacht?

in cholem
redt got zu dir
durchn odlerss trojer
un nemt dich mit
in sajne farschwigene wajtn
– wen du sogsst: got!

MENSCHLICHE TRAUER

1
Nachts
Vergessen wir den Augenblick
Unsrer Geburt,
Und auf dunklen Treppen
Steigen wir ab in der Zeit;
Unsre letzte Hoffnung
Ritzen wir
In kristallene Stirnen
Ungeborener Kinder.

Von unsern Augen
Weht
Das kalte Feuer
Des himmlischen Schweigens;
Der Schweiß
Unseres Schreckens
Durchmischt uns mit Tod.

2
Wenn du Gott sagst –
Meinst du den weißen Schatten
Der menschlichen Einsamkeit
Oder
Den brennenden Tiger
In den Wäldern der Nacht?

Im Traum
Spricht Gott zu dir
Durch des Adlers Trauer
Und nimmt dich
In seine schweigenden Fernen mit –
Wenn du Gott sagst.

ג

אויף טונקעלע וועגן
דערקענסטו דיין ווייב;
צוזאַמען פֿאַרזינקט איר
אין נעפּל
פֿון וואַרעמען שלאָף;
אַ מלאך
שמייכלט דערביי
טרויעריק און קיל –
און דער מאָרגן
זעט
אין אייערע בליענדיקע אויגן
דאָס בילד
פֿון אַלע פֿאַרלאָשענע דורות.

3
ojf tunkele wegn
derkensstu dajn wajb;
zusamen farsinkt ir
in nepl
fun waremen schlof;
a malech
schmejchlt derbaj
trojerik un kil –
un der morgn
set
in ajere bliendike ojgn
doss bild
fun ale farloschene dojress.

ד

אין שווייסיקן שטויב
עסן מיר אונדזער ברויט;
אונדזער בלוט ווערט מיד
פֿון אייגענעם געזאַנג.

ווען פֿון אונדזערע ליפּן
אָטעמט די האַרבסטיקע לבנה,
ווערט אונדז באַנג פֿאַרן אויסדויער
פֿון אייביק מענטשלעכן סוף;
– ביינאַכט
ווען מיר פֿאַרגעסן
די רגע פֿון אונדזער געבוירן.

4
in schwejssikn schtojb
essn mir undser brojt;
undser blut wert mid
fun ejgenem gesang.

wen fun undsere lipn
otemt di harbsstike lewone,
wert unds bang farn ojssdojer
fun ejbik mentschlechn ssof;
– bajnacht
wen mir fargessn
di rege fun undser gebojrn.

3
Auf dunklen Wegen
Erkennst du dein Weib;
Gemeinsam versinkt ihr
Im Nebel
Des warmen Schlafs;
Ein Engel
Lächelt dazu
Traurig und kühl –
Und der Morgen
Sieht
In euern blühenden Augen
Das Bild
Aller verloschenen Geschlechter.

4
Im schweißigen Staub
Essen wir unser Brot;
Unser Blut wird müde
Vom eignen Gesang.

Wenn der herbstliche Mond
Von unsern Lippen atmet,
Wird uns angst vor der Ausdauer
Des ewigen Menschensterbens.
Nachts,
Wenn wir den Augenblick
Unsrer Geburt vergessen.

אין־סופיקע רגעס

זונען פֿון אונדזער בלוט אזוי הייס צעגליטע,
אין־סופיקע רגעס איר אין דורותדיקן קרייז –
נאַקעט זענט איר ווי אַ האַלדז פֿאַר דער שחיטה,
אויף אייער אָטעם שרייט אדם: אדוני, איך באַוויייז!

ווער רופֿט אים פֿלאַמיקער אין ערדישן געצאַפּל?
אפֿשר די חיהשע טרער פֿון ניטוויסנדיקן זיין?
עס רינט דער עול פֿון אונדזער שוואַרצאַפּל –
אויף דער חיהס שטערן ברענט די שטומקייט פֿון שטיין!

מיר טראָגן יענע גלוט פֿון אין־סופיקן ווערן,
דאָרט ווו דער צער איז די בריק פֿון מאַן צום קינד –
ווו ער קומט דורך אונדז זיך טויזנטפֿאַך ווידער־הערן
און מישט דורך איין טראָפּן אויס דעם אָנהייב מיטן אַצינד.

זונען פֿון אונדזער בלוט, צעפֿלאַקערטע מלאכים,
געבוירענע אין רגעס פֿון אייביק טיפֿסטער נויט –
איר זענט פֿון די דורות איבערגעלאָזענע שבֿחים,
ציענדיקע אין דער אין־סופיקער איינזאַמקייט – טויט.

EJN-SSOFIKE REGESS

sunen fun undser blut asoj hejss zeglite,
ejn-ssofike regess ir in dojressdikn krajs –
naket sent ir wi a halds far der schchite,
ojf ajer otem schrajt odem: adojni, ich bawajs!

wer ruft im flamiker in erdischn gezapl?
efscher di chajesche trer fun nitwissndikn sajn?
ess rint der ol fun undser schwarzapl –
ojf der chajess schtern brent di schtumkejt fun schtejn!

mir trogn jene glut fun ejn-ssofikn wern,
dort wu der zar is di brik fun man zum kind –
wu er kumt durch unds sich tojsntfach wider-hern
un mischt durch ajn tropn ojss dem onhejb mitn azind.

sunen fun undser blut, zeflakerte malochim,
gebojrene in regess fun ejbik tifsster nojt –
ir sent fun di dojress ibergelosene schwochim,
ziendike in der ejn-ssofiker ejnsamkejt – tojt.

UNENDLICHE AUGENBLICKE

Sonnen unseres Blutes, glühend heiße
Unendliche Augenblicke im Generationenreigen –
Nackt seid ihr wie ein Hals vor dem Schächten,
Mit euch schreit Adam: Herr, ich will mich zeigen!

Wer ruft ihn flammender aus irdischem Zucken?
Vielleicht die tierische Träne unbewußten Seins?
Es rinnt die Sorge von unsern Augen –
Auf der Stirn des Tiers brennt die Stummheit des Steins.

Wir tragen jene Glut unendlichen Werdens,
Und der Schmerz spannt die Brücke vom Mann zum Kind,
Durch uns läßt er sich tausendfach wiederhören –
Ein Anfang, der immer von neuem beginnt.

Sonnen unseres Blutes, flackernde Engel,
Geboren in Augenblicken ewig tiefster Not –
Ihr, von den Geschlechtern ererbte Lobgesänge,
Zieht in unendliche Einsamkeit: den Tod.

צוויי סטראָפעס

אַלץ איז נאָר פֿון צייטן דער טונקל־קילער שפּיגל;
פֿאַרנאָפּלט צו דער ערד, פֿאַרגליווערט, קאַלט און שטום,
צינדט דעם הימל ניט מער אָן דעם לייבס געברום,
לעשן זיך די ווייטן אויס אויף טויטע אָדלער־פֿליגל.

מיט אָטעם פֿון דורות שווימט זי מיר אַנטקעגן
אויף ימים פֿון טרויער – איר שטערן סופיקט רויט;
די אויגן אירע זענען אינדזלען פֿון לעצטן, לעצטן שווייגן;
פֿון איר אומעטיקן שמייכל כליפּעט קיל דער טויט.

ZWEJ SSTROFESS

alz is nor fun zajtn der tunkl-kiler schpigl;
farnoplt zu der erd, fargliwert, kalt un schtum,
zindt dem himl nit mer on dem lejbss gebrum,
leschn sich di wajtn ojss ojf tojte odler-fligl.

mit otem fun dojress schwimt si mir antkegn
ojf jamim fun trojer – ir schtern ssofikt rojt;
di ojgn ire senen indseln fun leztn, leztn schwajgn;
fun ir umetikn schmejchl chlipet kil der tojt.

ZWEI STROPHEN

Alles nur der Zeiten dunkel-kühler Spiegel;
Mit der Erde vernabelt, kalt, starr und still,
Zündet nicht mehr den Himmel mit Löwengebrüll,
Löschen sich die Weiten auf totem Adlerflügel.

Sie schwimmt mir entgegen im Atem der Generationen
Auf Meeren der Trauer – ihr Stern endet blutrot;
Ihre Augen – Inseln allerletzten Schweigens;
Aus ihrem traurigen Lächeln schluchzt kühl der Tod.

GESANG FUN A WACHNDIKN   געזאַנג פֿון אַ וואַכנדיקן

GESANG EINES WACHENDEN

אין שטילע רגעס

די בלויע שוואלבן פון האַלבנאַכט
פלאַטערן קיל
אינעם פראָסטיק־לבנהדיקן שווייגן.
די שטילע רגעס
און די אויפגעבליטע טרערן פון דורות
שטראַלן קרישטאָליק.
אין טונקעלע צימערן
גליען אויף די אָרעמס פון געליבטע –
אין פייער פון זייער נאַכטלעכער פרייד
וואַרטן, בענקענדיק, איינזאַמע מלאכים
אויף קומענדיקע דורות.

די בלויע שוואלבן פון האַלבנאַכט
פלאַטערן קיל
אינעם פראָסטיק־לבנהדיקן שווייגן.
און דער היימלאָזער
און דער פרומער
שעפטשען פאַר זיך אַליין:
דו –
ווי גרויס ביסטו אין אונדזער פרייד!
מיר –
ווי קליין זענען מיר אין דיין טרויער!

IN SCHTILE REGESS

di bloje schwalbn fun halbnacht
flatern kil
inem frosstik-lewonedikn schwajgn.
di schtile regess
un di ojfgeblite trern fun dojress
schtraln krischtolik.
in tunkele zimern
glien ojf di oremss fun gelibte –
in fajer fun sejer nachtlecher frejd
wartn, benkendik, ejnsame malochim
ojf kumendike dojress.

di bloje schwalbn fun halbnacht
flatern kil
inem frosstik-lewonedikn schwajgn.
un der hejmloser
un der frumer
scheptschen far sich alejn:
du –
wi grojss bisstu in undser frejd!
mir –
wi klejn senen mir in dajn trojer!

Die blauen Schwalben der Mitternacht
Flattern kühl
Im frostig-mondigen Schweigen.
Die stillen Augenblicke
Und die erblühten Tränen der Generationen
Strahlen wie Kristall.
In dunklen Zimmern
Erglühn die Arme von Geliebten –
Im Feuer ihrer nächtlichen Freude
Warten sehnsüchtig einsame Engel
Auf kommende Geschlechter.

Die blauen Schwalben der Mitternacht
Flattern kühl
Im frostig-mondigen Schweigen.
Und der Heimatlose
Und der Fromme
Flüstern zu sich selber:
Du –
Wie groß du bist in unsrer Freude!
Wir –
Wie klein wir sind in deiner Trauer!

אוּן דוּ זאָגסט: עס איז גוט!

ווען שטילער חצות נאַקעטיקט איבער דער וועלט
און אַ ניי־געבוירנס אָטעמט די ערשטע רגע אויס,
טרינקסטו מיט קילע ליפּן
פֿון די בלויע קוואַלן פֿון אונדזערע אויגן.

ווען פֿון צעווייגטע יַמען דער טוי
פֿאַלט אין הייסער גלוסט פֿון באַשאַפֿנדיקן צער,
פֿאַרשווענקסטו מיט טונקעלע טײַכן פֿון חלומות
צעבליטע רגעס פֿון אונדזער טאָגיקער בענקשאַפֿט.

ווען אין דײַנע שטערנדיק־פֿאַרשוויגענע הענט
פֿאַלט פֿון אַ שטאַרבנדיקנס תּפֿילה דער מאָן,
גייט אויף, איינזאַם און גרויס, אַ בראשית־שווײַגן
אונטער די פֿאַרלאָשענע ווייכע טריט פֿון דער נאַכט.

ווען אַ מלאך זאַמלט קאַלט אונדזערע שעה'ן אײַן
און קריצט אונדזער נאָמען אין צערינענדיקן אײַז –
צינדסטו מיט קאָיאָריקן פֿלאַטער די אייביקייט אָן
אויף די פֿײַער־פֿליגל פֿונעם דונערדיקן אָדלער
און זאָגסט: עס איז גוט!

UN DU SOGSST: ESS IS GUT!

wen schtiler chzoss naketikt iber der welt
un a naj-gebojrnss otemt di erschte rege ojss,
trinksstu mit kile lipn
fun di bloje kwaln fun undsere ojgn.

wen fun zewigte jamen der toj
falt in hejsser glusst fun baschafndikn zar,
farschwenksstu mit tunkele tajchn fun chalojmess
zeblite regess fun undser togiker benkschaft.

wen in dajne schterndik-farschwigene hent
falt fun a schtarbndiknss tfile der mon,
gejt ojf, ejnsam un grojss, a berejschess-schwajgn
unter di farloschene wejche trit fun der nacht.

wen a malech samlt kalt undsere scho'en ajn
un krizt undser nomen in zerinendikn ajs –
zindsstu mit kajorikn flater di ejbikejt on
ojf di fajer-fligl funem dunerdikn odler
un sogsst: ess is gut!

UND DU SAGST: ES IST GUT!

Steht stille Mitternacht nackt über der Welt,
Ein Neugebornes veratmet die ersten Augenblicke,
Trinkst du mit kühlen Lippen
Von den blauen Quellen unsrer Augen.

Wenn von wogenden Meeren der Tau
Fällt in heißer Begierde schaffender Qual,
Überflutest du mit dunklen Flüssen der Träume
Blühende Augenblicke unsrer täglichen Sehnsucht.

Wenn in deine sternhaft schweigenden Hände
Der Mohn vom Gebet eines Sterbenden fällt,
Geht einsam und groß ein Schöpfungs-Schweigen auf
Unter den erloschnen weichen Schritten der Nacht.

Wenn ein Engel kalt unsre Stunden sammelt
Und ritzt unsere Namen in schmelzendes Eis –
Zündest du mit Morgenrot-Flattern die Ewigkeit
Auf den Feuerflügeln des donnernden Adlers
Und sagst: Es ist gut!

און זעסט:
אין דער הייסער מינוט
וויקלט אַ װאָרעם זיך אַריין;
דאָרט
װו עס פֿאַרכטיקט סודותדיק
דער אָנהייב פֿון אַ יעדן װערן;
און װי אין מעת־לעתיקער װאָגשאָל
פֿון טאָג און נאַכט
ליגט די שטומקייט פֿון פֿאַרגעסענע דורות
און אָטעמט מיט געװײן צו די שטערן –

און דו זאָגסט: עס איז גוט!

un sesst:
in der hejsser minut
wiklt a worem sich arajn;
dort
wu ess forchtikt ssojdessdik
der onhejb fun a jedn wern;
un wi in mess-lessiker wogschol
fun tog un nacht
ligt di schtumkejt fun fargessene dojress
un otemt mit gewejn zu di schtern –

un du sogsst: ess is gut!

Und siehst:
Jählings
krümmt sich ein Wurm;
Dort,
Wo der Anfang eines jeden Werdens
Heimlich schaudert,
Und wie in der Waagschale
Von Tag und Nacht
Liegt die Stummheit vergeßner Generationen
Und atmet klagend zu den Sternen –

Und du sagst: Es ist gut!

אמן

קאַלט ביסטו
האַרבסטיקע לבנה
אויפֿגעגאַנגען אין שווײַגן
דורך דער נאַכטס
טונקעלער מרה-שחורה;
און ס'ציען
דורך קילע חלומות
פֿון שלאָפֿנדיקע
אַלע פֿאַרגעסענע מתים.

אַ וואַכנדיק קינד
גיט אַוועק
זײַנע קײַלעכדיקע אויגן
פֿאַר צוויי שטערן;
פֿונעם קינדס ווײַסן שמייכל
וויל גאָט באַשאַפֿן
אַ נײַע וועלט.

OMEJN

kalt bisstu
harbsstike lewone
ojfgegangen in schwajgn
durch der nachtss
tunkeler more-schchojre;
un ss'zien
durch kile chalojmess
fun schlofndike
ale fargessene mejssim.

a wachndik kind
git awek
sajne kajlechdike ojgn
far zwej schtern;
funem kindss wajssn schmejchl
wil got baschafn
a naje welt.

AMEN

Kalt bist du,
Herbstlicher Mond,
Aufgegangen in Schweigen
Durch die dunkle
Melancholie der Nacht;
Und es ziehn
Durch kühle Träume
Der Schlafenden
Alle vergessenen Toten.

Ein wachendes Kind
Gibt
Seine runden Augen
Für zwei Sterne hin;
Aus dem weißen Lächeln des Kindes
Will Gott
Eine neue Welt erschaffen.

נאָר אַן אַנדערס
אָטעמט אויס שטיל
די לעצטע רגעס;
אומזיסט שלאָגט
דער מוטערס טונקל געוויין
אין פאַרשטיינערטן שווייגן
פון גאָט.

קאַלט ביסטו,
האַרבסטיקע לבנה,
אויפגעגאַנגען
דורך דער נאַכטס
טונקעלער מרה־שחורה
און אין דיין קיל שווייגן
האַלט ער תמיד גרייט
דאָס גוטע און דאָס בייזע.

nor an anderss
otemt ojss schtil
di lezte regess;
umsisst schlogt
der muterss tunkl gewejn
in farschtejnertn schwajgn
fun got.

kalt bisstu,
harbsstike lewone,
ojfgegangen
durch der nachtss
tunkeler more-schchojre
un in dajn kil schwajgn
halt er tomed grejt
doss gute un doss bejse.

Doch ein andres
Veratmet still
Die letzten Augenblicke;
Vergebens schlägt
Das dunkle Weinen der Mutter
Ins versteinerte Schweigen
Von Gott.

Kalt bist du,
Herbstlicher Mond,
Aufgegangen
Durch die dunkle
Melancholie der Nacht,
Und in deinem kühlen Schweigen
Hält Er immer
Das Gute und Böse bereit.

די רגע פֿאַר מיטנאַכט

גרױס ביסטו,
טונקעלע לבנה,
דורך האַרבסטיקע װאָלקנס
געפֿורעמטע געשטאַלט;
בײז און קאַלט,
צעהעלט,
אין נאַכטלעכן שװײַגן,
דײן װײַסע מרה־שחורה
די שטערנדיקע װײַט –
קילע אײביקײט.

שטיל.
טיף אין דער הײך
אַ שטערן צערינט;
– װײַס און קאַלט
לבֿנהיק געװײן.
נעבן מיר האַלט
מײַן שאָטן און דער װינט
דעם אָטעם אײַן;
די רגע פֿאַר מיטנאַכט
פֿלאַטערט אױף בלױ,
פֿלאַטערט אױף גרין:

DI REGE FAR MITNACHT

grojss bisstu,
tunkele lewone,
durch harbsstike wolknss
gefuremte geschtalt;
bejs un kalt,
zehelt,
in nachtlechn schwajgn,
dajn wajsse more-schchojre
di schterndike wajt –
kile ejbikejt.

schtil.
tif in der hejch
a schtern zerint;
– wajss un kalt
lewonik gewejn.
nebn mir halt
majn schotn un der wint
dem otem ajn;
di rege far mitnacht
flatert ojf bloj,
flatert ojf grin:

DER AUGENBLICK VOR MITTERNACHT

Groß bist du,
Dunkler Mond,
Hinter herbstlichen Wolken
Geformte Gestalt;
Kalt und böse
Erhellt
In nächtlichem Schweigen
Deine weiße Melancholie
Die sternenferne
Kühle Ewigkeit.

Stille.
Tief in der Höhe
Zerfließt ein Stern;
Weiß und kalt,
Mondiges Weinen.
Neben mir hält
Mein Schatten und der Wind
Den Atem an;
Der Augenblick vor Mitternacht
Flattert blau
Und grün:

»אַלץ וואָס ער מאַכט,
– שעפּטשעט זי –
האָט אַ זין;
יאָ,
די שעה
וואָס גייט איצט אויף,
איז שוין נעכטן פֿאַרגאַנגען;
דער שטערן וואָס צערינט,
דיין שאָטן און דער ווינט,
אפֿילו דיינע הענט
וואָס דופֿטן איצט
פֿון אַ פֿרויענברוסט,
האָבן דאָס שוין געוווּסט;
נאָר דו אַליין – «

און די רגע ווערט שטיל,
און די רגע ווערט שטום;
נאָר די מאַסקע
פֿון אַ נאַכטלעכן פֿויגל,
וויגט זיך איבער מיר קיל,
שאָטנט איבער מיר קרום.

»alz woss er macht,
– scheptschet si –
hot a sin;
jo,
di scho
woss gejt izt ojf,
is schojn nechtn fargangen;
der schtern woss zerint,
dajn schotn un der wint,
afile dajne hent
woss duftn izt
fun a frojenbrusst,
hobn doss schojn gewusst;
nor du alejn – «

un di rege wert schtil,
un di rege wert schtum;
nor di masske
fun a nachtlechn fojgl,
wigt sich iber mir kil,
schotnt iber mir krum.

»Alles, was er tut«
– Flüstert sie –,
»Hat Sinn;
Ja,
Die Stunde,
Die anhebt, ist
Schon gestern vergangen,
Der Stern, der zerfließt,
Dein Schatten und der Wind,
Sogar deine Hände,
Duftend
Von einer Frauenbrust,
Wußten das schon;
– Doch du selber –«

Und der Augenblick wird still
Und wird stumm;
Nur die Maske
Eines Nachtvogels
Wiegt sich kühl über mir –
Ein gekrümmter Schatten.

געזאַנג פֿון אַ וואַכנדיקן

אָ, דער הייסער שוידער!
עמעץ טענהט נאַקעט מיט דער נאַכט —
אין נעפּל אין וואַרעמען פֿון אָנגעצונדענע גלוסטן
בלוטיקט אויס אַ רגע שווער און שטיל.
און אין דער פֿאַרשטיינערטער איינזאַמקייט פֿון גייער
טריפֿט קיל דער טוי פֿון זיינע צערונענע אויגן;
— אָ, דער זילבער־נעפּל פֿון זיינע בליענדיקע טרערן!
נאָך איין מאָל
בליט אויף דעם גייערס האַרץ אין אַ תפֿילה
און פֿאַרלעשט זיך.
שטיל
געפֿרוירן נאַכטיקט אַ טונקעלער אָטעם פֿון שטערן
אין דער שטיינערנער אָבלדיקייט פֿון דער אַלטער שטאָט;
און פֿאַר אַלע לבֿנהיק פֿאַרשלאָסענע טירן
דעמערן פֿאַרלאָשענע טריט
פֿון טויטע מלאכים
צום חצות.

GESANG FUN A WACHNDIKN

o, der hejsser schojder!
emez tajnegt naket mit der nacht —
in nepl in waremen fun ongezundene glusstn
blutikt ojss a rege schwer un schtil.
un in der farschtejnerter ejnsamkejt fun gejer
trift kil der toj fun sajne zerunene ojgn;
— o, der silber-nepl fun sajne bliendike trern!
noch ejn mol
blit ojf dem gejerss harz in a tfile
un farlescht sich.
schtil
gefrojrn nachtikt a tunkeler otem fun schtern
in der schtejnerner owldikejt fun der alter schtot;
un far ale lewonik farschlossene tirn
demern farloschene trit
fun tojte malochim
zum chzoss.

GESANG EINES WACHENDEN

O der heiße Schauder!
Jemand vergnügt sich nackt mit der Nacht –
Im warmen Nebel gezündeter Begier
Verblutet ein Augenblick schwer und still.
Und in der versteinerten Einsamkeit des Wanderers
Tropft kühl der Tau von seinen zerronnenen Augen;
O der Silbernebel seiner blühnden Tränen!
Noch einmal, im Gebet,
Blüht das Herz des Wanderers auf
Und verlöscht.
Stille.
Gefroren nächtigt ein dunkler Sternenatem
In der steinernen Trauer der alten Stadt;
Und vor allen mondhaft verschloßnen Türen
Dämmern verloschene Schritte
Toter Engel
Zur Mitternacht.

באַלד –
אינעם שװייס פֿון אַ קראַנקער מאַמעס שטערן
זעט אַ קינד דערשראָקן
די אױפֿגײענדיקע שװאַרצע רױזן
פֿון דעם אײביק דערבאַרמענדיקן שלאָף.

bald –
inem schwejss fun a kranker mamess schtern
set a kind derschrokn
die ojfgejendike schwarze rojsn
fun dem ejbik derbarmendikn schlof.

Bald –
Auf der schweißigen Stirn der kranken Mutter
Sieht ein Kind erschrocken
Die aufblühenden schwarzen Rosen
Des ewigen barmherzigen Schlafs.

נאָך אַ נאַכט

גיב מיר, גייסט, צום לעצטן מאָל דײן גנאָד!
פאַרפאַלן בין איך אין טײכן פון מײן בלוט;
געשלאָגן אַזוי ווילד פון אייגענער גלוט
ווי אַ נאַכט אין סדום, דער זינדיקער שטאָט.

פולס בין איך ווי אינסעקטן פון אײן טאָג!
דאָרשטיק אין גלי פון מעוברתדיקן בליק
וואָס פירט די רגעס אין אורצײט צוריק
און טרינקט פון מוח אויס דעם לעצטן זין־פאַרמאָג.

נעם דעם ביטערן ווײן פון נאַכטלעכן נס,
די נאַקעטע בושה פון אייגענעם באַשאַף —
פאַרשליס זײ אין שטומקייט פון אַ חיהס גאַף;
דיר לאָז געהערן מײן בראשית־מעת־לעת.

לאָז מיך ניט פאַרפאַלן אין סדומיקן בלוט!
גיב מיר, גייסט, צום לעצטן מאָל דײן גנאָד!
מאַך מיך צווישן דיר און דעם צאָרנדיקן גאָט
די גופיקע פײל אָדער דײן שטראַלנדיקע גלוט!

NOCH A NACHT

gib mir, gajsst, zum leztn mol dajn gnod!
farfaln bin ich in tajchn fun majn blut;
geschlogn asoj wild fun ejgener glut
wi a nacht in ssdom, der sindiker schtot.

pulss bin ich wi inssektn fun ejn tog!
dorschtik in gli fun muberessdikn blik
woss firt di regess in urzajt zurik
un trinkt fun mojech ojss dem leztn sin-farmog.

nem dem bitern wajn fun nachtlechn ness,
di nakete busche fun ejgenem baschaf —
farschliss sej in schtumkejt fun a chajess gaf;
dir los gehern majn berejschess-mess-less.

los mich nit farfaln in ssodomikn blut!
gib mir, gajsst, zum leztn mol dajn gnod!
mach mich zwischn dir un dem zorndikn got
di gufike fajl oder dajn schtralndike glut!

NACH EINER NACHT

Gib mir, Geist, zum letzten Mal deine Gnad!
Verloren bin ich in Flüssen aus meinem Blut;
So wild geschlagen von der eigenen Glut
Wie eine Nacht in Sodom, der Sündenstadt.

Rege bin ich wie Eintagsfliegen!
Durstig in der Glut des schwangeren Blicks –
Der führt die Augenblicke in die Urzeit zurück,
Trinkt letzten Sinn aus dem Hirn – in vollen Zügen.

Nimm des nächtlichen Wunders bittern Wein,
Die nackte Scham, sich wie man ist, zu zeigen,
Gähnend verschließe sie in tierischem Schweigen.
Und all mein Schöpfungstag sei dir geweiht.

Laß mich nicht untergehn in Sodoms Blut!
Gib, Geist, zum letzten Mal deine Gnade mir!
Es sei zwischen dem zornigen Gott und dir
Ich als Leibes-Pfeil, oder deine strahlende Glut.

אידיליע

האַלט אויף יענע טונקעלע רגע פון צאָרן און שטראָף:
איבערן איינזאַמען וועג האָט זיך אַ לעבן אויפגעמאַכט;
צוויי מענטשן מישן אויס זייער בלוט אין מיטנאַכט
און בלייבן פאַרשוויגן ביי די קילע טויערן פון שלאָף.

דער שטערן פון דער צוועלפטער שעה בייגט זיך צו זיי צו
– הייליק און שיין איז דאָס בילד פון מאַן און ווייב –
און קושט מיט לבנהדיקע ליפן אויס זייער וואַרעם לייב
וואָס איז אָנגעפילט מיט נאַכטלעכן וויין און טיפער רו.

טיף אין דער הייך גייט סאַטורן נאַקעט זיין וועג.
און ביי די אוראַלט-פאַרבאָרגענע וועגן פון ווינט
פרעגט ערגעץ נאָכן אייגענעם גורל אַ ניי-געבוירן קינד –
אַ חיה האָט אין חלום איר נשמה פאַרלוירן אין געיעג.

IDILJE

halt ojf jene tunkele rege fun zorn un schtrof:
ibern ejnsamen weg hot sich a lebn ojfgemacht;
zwej mentschn mischn ojss sejer blut in mitnacht
un blajbn farschwign baj di kile tojern fun schlof.

der schtern fun der zwelfter scho bejgt sich zu sej zu
– hejlik un schejn is doss bild fun man un wajb –
un kuscht mit lewonedike lipn ojss sejer warem lajb
woss is ongefilt mit nachtlechn wajn un tifer ru.

tif in der hejch gejt ssaturn naket sajn weg.
un baj di uralt-farborgene wegn fun wint
fregt ergez nochn ejgenem gojrl a naj-gebojrn kind –
a chaje hot in cholem ir neschome farlojrn in gejeg.

IDYLLE

Halt auf den dunklen Augenblick von Zorn und Strafe:
Über einsamen Weg hat sich ein Leben aufgemacht;
Zwei Menschen mischen ihr Blut in der Mitternacht
Und bleiben stumm bei den kühlen Toren des Schlafes.

Der Stern der zwölften Stunde neigt sich ihnen zu –
O heilig-schönes Bild von Mann und Weib –
Mondlippig küßt er ihren warmen Leib,
Erfüllt vom Wein der Nacht und tiefer Ruh.

Tief droben geht Saturn seinen Weg, nackt und allein.
Und bei den uralt-verborgnen Wegen des Windes
Fragt jemand nach dem Los des neugebornen Kindes –
Im Traume büßt ein Tier bei der Jagd die Seele ein.

צו לאהן

וווילסטו נאָר זיין דאָס נאַכטלעכע פאַרלאַנגען,
ניט דער אָטעם פון ווערן אין צייטיקן זיין?
אַ גוף נאָר, ווען דאָס טאָגליכט איז צעגאַנגען,
גייט פון אים אויף אַ בלוטיק-וואַרעמער שיין?

וווילסטו טרינקען די אייגענע טרער די סמיקע,
און ווערן צו געשפעט אין אַנדערנס בליק?
צי גאָר דער חלום און שפיל, די שעה'ן פלאַמיקע,
צעווינטע ווי אָדלערס וואָס טראָגן זיך אַהין און צוריק?

וווילסטו אין יאָרן און טעג – די שפיגלען אוראַלטע –
אָפשפיגלען נאָר אַ מאַסקע פון אַ קינד און אַ גרייז
און אַ לעבן לאַנג, ווי די שטערן נאַקעט און קאַלטע,
זיך דרייען בלינד אין אייגענעם בלינדן קרייז?

וווילסטו נאָר זיין דאָס נאַכטלעכע פאַרלאַנגען?

ZU LEJEN

wilsstu nor sajn doss nachtleche farlangen,
nit der otem fun wern in zajtikn sajn?
a guf nor, wen doss toglicht is zegangen,
gejt fun im ojf a blutik-waremer schajn?

wilsstu trinken die ejgene trer di ssamike,
un wern zu geschpet in andernss blik?
zi gor der cholem un schpil, di scho'en flamike,
zewigte wi odlerss woss trogn sich ahin un zurik?

wilsstu in jorn un teg – di schpiglen uralte –
opschpiglen nor a masske fun a kind un a grajs
un a lebn lang, wi di schtern naket un kalte,
sich drejen blind in ejgenem blindn krajs?

wilsstu nor sajn doss nachtleche farlangen?

AN LEA

Willst du nichts sein als nächtliches Verlangen –
Und nicht das Werden und Reifen in der Glut?
Nur Leib sein, ist das Tageslicht vergangen,
Und von ihm geht ein Glanz, so warm wie Blut?

Willst du die eigne giftige Träne trinken
Und zum Gespött der Leute Anlaß geben,
Oder Traum sein und Spiel, flammende Stunden,
Sich wiegend wie Adler, die ins Weite schweben?

Willst du in Jahren und Tagen – uralten Spiegeln –
Nur noch die Maske spiegeln von Kind und Greis
Und lebenslang wie nackte und kalte Sterne
Dich blindlings drehn im eignen blinden Kreis?

Willst du nichts sein als nächtliches Verlangen?

האָסט מיך פֿאַרלאָזן

דײַן שװײַגן הילט מיך אַרום װי תּכריכים;
האָסט מיך פֿאַרלאָזן בײַ טױערן פֿון מיטנאַכט.
צײל איך אױס די רגעס װי פֿינצטערע שליחים,
ביז מײַן קבֿר װעט װערן מיט מיר פֿאַרמאַכט.

װעמען טראָגט איצט דײַן שמײכל אױף די פֿליגל?
ביסט אַלץ געװען פֿאַר מיר: די קדושה, דאָס קינד:
פֿון אַלץ ביסטו געװען פֿאַר מיר דער שפּיגל –
װעלכער אָדעם קניט פֿאַר דײַן תּאװה אַצינד?

מײַן אױג איז איצט נאָר אַ פֿאַרלאָשענע תּפֿילה;
מײַן בענקשאַפֿט ליגט געקרײַציקט אין בלוט –
װי אין בײנערטאָל װעט נאָכן טױט אפֿילו
אױפֿשױדערן מײַן נשמה פֿון דײַן הײסער גלוט.

דײַן נאַקעט לײַב ליגט אין אַש פֿון מײַן יוגנט;
מיט ניהנום-פֿינגער האָסטו געצונדן מײַן גלוסט.
אמת זיצט שבעה נאָך מײַן פֿאַרלױרענער טוגנט
און איך אָטעם נאָך די שיכרות פֿון דײַן ברוסט.

HOSST MICH FARLOSN

dajn schwajgn hilt mich arum wi tachrichim;
hosst mich farlosn baj tojern fun mitnacht.
zejl ich ojss di regess wi finztere schlichim,
bis majn kejwer wet wern mit mir farmacht.

wemen trogt izt dajn schmejchl ojf di fligl?
bisst alz gewen far mir: di kdusche, doss kind:
fun alz bisstu gewen far mir der schpigl –
welcher odem knit far dajn tajwe azind?

majn ojg is izt nor a farloschene tfile;
majn benkschaft ligt gekrejzikt in blut –
wi in bejnertol wet nochn tojt afile
ojfschojdern majn neschome fun dajn hejsser glut.

dajn naket lajb ligt in asch fun majn jugnt;
mit gehenem-finger hosstu gezundn majn glusst.
emez sizt schiwe noch majn farlojrener tugnt
un ich otem noch die schikress fun dajn brusst.

DU HAST MICH VERLASSEN

Dein Schweigen hüllt mich ein wie ein Totenhemd.
Am Tor der Mitternacht bin ich umhergeirrt.
Ich zähl die Augenblicke wie finstere Boten,
Bis mein Grab über mir geschlossen wird.

Wen trägt jetzt dein Lächeln auf seinen Flügeln?
Nah wie ein eignes Kind, gabst du mir Kraft,
Du warst mir der Spiegel für die ganze Welt.
Welcher Adam kniet jetzt vor deiner Leidenschaft?

Mein Aug ist nur noch ein erloschnes Gebet;
Und meine Sehnsucht liegt gekreuzigt im Blut –
Wie im Tal der Gebeine nach dem Tode noch
Erschauert meine Seele vor deiner Glut.

Dein nackter Leib liegt in der Asche meiner Jugend;
Mit Höllenfingern hast du meine Begier entfacht.
Jemand sitzt Trauer um meine verlorne Tugend,
Und ich atme noch die Trunkenheit dieser Nacht.

בעת האָסט מיך אויף דער צעווייגטער פרייד געטראָגן
צו די וואַרעמע רגעס פון דער ערשטער מיטנאַכט —
האָט דאַמאָלט שוין געאָטעמט דאָס דורותדיקע קלאָגן
איבער דיין סמיק־פאַרשוויגענער, גופיקער מאַכט.

דו ביסט די שיינקייט פון אַ כישופדיקן חלום,
וואָס לעשט דעם טיפן צער אין אונדז אויס;
דו ביסט אויך ווי דער טויט, ווען ער גיט שלום,
און לאָזט אונדזער האַנט שוין מער ניט אַרויס.

אַלע דיינע אין דער נאַכט אָנגעצונדענע בליקן,
ברענען אין מיינע אָדערן ווי מיטנאַכט־ווייַן;
אייביק, ווי אַן אָדלער אויף די ווינטיקע בריקן,
וועל איך דיך זוכן און קיין מאָל ניט צו דיר דערגיין.

bejss hosst mich ojf der zewigter frejd getrogn
zu di wareme regess fun der erschter mitnacht –
hot damolt schojn geotemt doss dojressdike klogn
iber dajn ssamik-farschwigener, gufiker macht.

du bisst di schejnkejt fun a kischefdikn cholem,
woss lescht dem tifn zar in unds ojss;
du bisst ojch wi der tojt, wen er git scholem,
un lost undser hant schojn mer nit arojss.

ale dajne in der nacht ongezundene blikn
brenen in majne odern wi mitnacht-wajn;
ejbik, wi an odler ojf di wintike brikn,
wel ich dich suchn un kejn mol nit zu dir dergejn.

Als du mich noch auf der wogenden Freude trugst
Zu den heißen Augenblicken der Mitternacht –
Atmete schon das Klagen der Generationen
Über deine giftig-stumme Leibesmacht.

Du bist die Schönheit eines Zaubertraums,
Der allen Schmerz in uns verstummen läßt;
Bist wie der Tod auch, wenn er Frieden gibt
Und hält schon unsre Hand für immer fest.

Alle deine nächtlich gezündeten Blicke
Brennen in meinen Adern wie Mitternachtswein;
Ewig, wie ein Adler auf den Brücken des Windes,
Werd ich dich suchen und bleib doch immer allein.

הערסטו נישט?

פאר יאָ מיהאלי

מיט סאַמעט־פינגער לייכט און מילד
קריצט די נאַכט אין שטיין מיין בילד.
הערסטו נישט?

ווייס און קאַלט ווי די לבנה רוט
אין יעדן קריץ פון טויט די גלוט.
הערסטו נישט?

און אַלע שטערן אויף דעם הארטן שטיין
גיסן אין בילד זייער שווייגן אַריין.
הערסטו נישט?

און איך וואַרט. אין אָוונטווינט
וויינט אומזיסט אַ טויט־געבוירן קינד.
הערסטו נישט?

HERSSTU NISCHT?

far jo mihali

mit ssamet-finger lajcht un mild
krizt di nacht in schtejn majn bild.
hersstu nischt?

wajss un kalt wi di lewone rut
in jedn kriz fun tojt di glut.
hersstu nischt?

un ale schtern ojf dem hartn schtejn
gissn in bild sejer schwajgn arajn.
hersstu nischt?

un ich wart. in owntwint
wejnt umsisst a tojt-gebojrn kind.
hersstu nischt?

HÖRST DU NICHT?
Für Jo Mihaly

Mit Sammetfingern leicht und fein
Ritzt die Nacht mein Bild in Stein.
Hörst du nicht?

Weiß und kalt wie das Mondlicht ruht
In jeder Kontur die Todesglut.
Hörst du nicht?

Und in das Bild auf dem harten Stein
Gießt jeder Stern sein Schweigen ein.
Hörst du nicht?

Ich warte. Vergeblich, im Abendwind,
Weint ein totgebornes Kind.
Hörst du nicht?

מיין שוועסטער

אין איר שמייכל בליט דער האַרבסט און ווינטער,
די בלויע שרעק פֿון די אויגן פֿון אַ ווילדער חיה,
די איינזאַמקייט פֿון טונקל-פֿאַרלאָשענע וועלדער.

אירע הענט חלומען איר פֿון שאָטנדיק פֿאַרנאַכטיקע פֿליגל
וואָס שוועבן איבערן פֿאַרגליווערטן שווייגן פֿון דער ערד.

בײַ נאַכט שפּיגלען זיך מלאכים אין איר לבֿנהיקן טרויער
און פֿון איר טיף-וואַכנדיק בענקענדיקער ליבע
שוידערט אויף אין קבֿר אַ לאַנג שוין געשטאָרבענער מאַן.

MAJN SCHWESSTER

in ir schmejchl blit der harbsst un winter,
di bloje schrek fun di ojgn fun a wilder chaje,
di ejnsamkejt fun tunkl-farloschene welder.

ire hent cholemen ir fun schotndik farnachtike fligl
woss schwebn ibern fargliwertn schwajgn fun der erd.

baj nacht schpiglen sich malochim in ir lewonikn trojer
un fun ihr tif-wachndik benkendiker libe
schojdert ojf in kejwer a lang schojn geschtorbener man.

MEINE SCHWESTER

In ihrem Lächeln blühen Herbst und Winter,
Blauer Schreck aus den Augen wilder Tiere
Und die Einsamkeit dunkel verloschener Wälder.

Ihre Hände träumen von schattenden Abendflügeln,
Schwebend über dem starren Schweigen der Erde.

Nachts spiegeln sich Engel in der mondigen Trauer.
Von ihrer tief wachenden, sehnenden Liebe
Erschauert im Grab ein lang schon gestorbener Mann.

שטיל גייסטו יעדע נאַכט

שטיל גייסטו יעדע נאַכט
נעבן מיר פֿאַרביי,
אין דיין איינזאַמקייט רוט
מיין אייביקער וויי.

און דיין טיפֿער טרויערבליק,
דו קילער נאַכטיגאַל,
פֿאַלט ווי מאָנאָטאָנער רעגן
דורך דעם בלויען אַל.

עס איז די ווייטקייט פֿון הימל
וואָס האָט אונדז איינזאַם געמאַכט;
דער שטאַרבנדיקער קוש,
ווען ער בליט אין דער נאַכט.

דער אייביק־שטילער טרויער
פֿונעם פֿאַלנדיקן בלאַט;
דער טונקעלער פֿויגלפֿלי
איבער אַ פֿאַרחלומטער שטאָט.

SCHTIL GEJSSTU JEDE NACHT

schtil gejsstu jede nacht
nebn mir farbaj,
in dajn ejnsamkejt rut
majn ejbiker wej.

un dajn tifer trojerblik,
du kiler nachtigal,
falt wi monotoner regn
durch dem blojen al.

ess is di wajtkejt fun himl
woss hot unds ejnsam gemacht;
der schtarbndiker kusch,
wen er blit in der nacht.

der ejbik-schtiler trojer
funem falndikn blat;
der tunkeler fojglfli
iber a farcholemter schtot.

Da gehst du jede Nacht
Stumm an mir vorbei,
In deiner Einsamkeit
Ruht mein stiller Schrei.

Dein tiefer Trauerblick,
Du kühle Nachtigall,
Fällt wie steter Regen
Durch das blaue All.

Es ist die Weite des Himmels,
Die uns einsam macht;
Der sterbende Kuß,
Blühend in der Nacht.

Die ewig stille Trauer
Im fallenden Blatt;
Der dunkle Vogelflug
Über der träumenden Stadt.

די שלאָפנדיקע פרויענליפן
אין זעלטענעם דופט;
די ווײַסע מעלאַנכאָליע
אין דער ווינטערלופט.

עס איז דער שטומער וואַנדערער
און דאָס שטילע קינד;
עס איז אַ כישופדיקע פידל
וואָס וויינט אין ווינט.

עס איז איך, עס איז דו,
עס איז ווי טאָג און נאַכט;
עס איז דאָס פאַרגעסן זיך
וווּ די קינדהייט וואַכט.

שטיל גייסטו יעדע נאַכט
נעבן מיר פאַרבײַ,
אין דײַן איינזאַמקייט רוט
מײַן אייביקער וועג.

di schlofndike frojenlipn
in seltenem duft;
di wajsse melankolie
in der winterluft.

ess is der schtumer wanderer
un doss schtile kind;
ess is a kischefdike fidl
woss wejnt in wint.

ess is ich, ess is du,
ess is wi tog un nacht;
ess is doss fargessn sich
wu di kindhejt wacht.

schtil gejsstu jede nacht
nebn mir farbaj,
in dajn ejnsamkejt rut
majn ejbiker wej.

Die schlafenden Frauenlippen
In seltenem Duft;
Die weiße Melancholie
In der Winterluft.

Es ist der stumme Wandrer
Und das stille Kind;
Es ist eine Zauberfiedel,
Weinend im Wind.

Es ist ich, es ist du,
Ist wie Tag und Nacht;
Es ist das Sich-Vergessen,
Wo die Kindheit wacht.

Da gehst du jede Nacht
Stumm an mir vorbei,
In deiner Einsamkeit
Ruht mein stiller Schrei.

דערצײלט דיר דער שפּיגל

װען די מיטנאַכט האָט דײַנע ליפּן אײַנגעהילט;
װען פֿון קאַלטן שפּיגל די דעראינערונג רינט;
װען דער קילער לבֿנה־שײַן דײַן בלוט קילט:
רעדן טויטע צו דיר אין פֿאַרלאָשענעם װינט.

װען געלעכטער לעשט זיך אויפֿן פֿאַלנדיקן בלאַט;
װען די גרינע נעפּלען שװײַגן פֿאַר דײַן טיר;
װען האַרבסטיק גאָלד טריפֿט פֿון צװײַגן מאַט:
רעד איך אין שאָטן פֿון געליבטע צו דיר.

װען אין זײער קושן טיפֿע פֿאַרגעסנקײט רוט;
װען מיט הײסן אָטעם זײער אומשולד פֿאַרגײט;
װען אין שטאָלערנעם נעץ פֿאַנגט אונדז די שטאָט:
רעד איך צו דיר פֿון טיפֿער אײנזאַמקײט.

DERZEJLT DIR DER SCHPIGL

wen di mitnacht hot dajne lipn ajngehilt;
wen fun kaltn schpigl di derinerung rint;
wen der kiler lewone-schajn dajn blut kilt:
redn tojte zu dir in farloschenem wint.

wen gelechter lescht sich ojfn falndikn blat;
wen di grine neplen schwajgn far dajn tir;
wen harbsstik gold trift fun zwajgn mat:
red ich in schotn fun gelibte zu dir.

wen in sejer kuschn tife fargessnkejt rut;
wen mit hejssn otem sejer umschuld fargejt;
wen in schtolernem nez fangt unds di schtot:
red ich zu dir fun tifer ejnsamkejt.

Wenn die Mitternacht deine Lippen verhüllt,
Wenn aus kaltem Spiegel Erinnerung rinnt,
Wenn der kalte Mond deine Adern kühlt:
Reden Tote zu dir im verloschenen Wind.

Wenn Gelächter verlöscht auf dem fallenden Blatt,
Wenn die grünen Nebel schweigen vor deiner Tür,
Wenn herbstliches Gold matt von den Zweigen tropft:
Red ich im Schatten der Geliebten zu dir.

Wenn in ihren Küssen tiefe Vergessenheit ruht,
Wenn die Unschuld vergeht in heißer Begier,
Wenn uns die Stadt in stählernen Netzen fängt:
Ruf ich aus tiefer Einsamkeit zu dir.

ווען אין ים פֿון נאַכט שווימען בערג ווי שיפֿן אַרײַן;
ווען סימפֿאָניעס עפֿענען טויערן פֿון פֿאַרחלומטן לאַנד;
ווען דאָס שטילע נס גליט פֿון מיטנאַכט־ווײַן:
רעדט עמעץ מיט אַ לשון וואָס קיינער האָט ניט דערמאָנט.

ווען די פֿאַרנאַכט־זון רינט שטיל אין דײַן בלוט;
ווען אונדזער בליק ווערט רעגנבויגן און קרישטאָל;
ווען אויף דײַנע שלייפֿן פֿראָסטיק אַ גרויע האָר רוט:
דערצייילט דיר דער שפּיגל לעגענדעס פֿון אַמאָל.

wen in jam fun nacht schwimen berg wi schifn arajn;
wen simfoniess efenen tojern fun farcholemtn land;
wen doss schtile ness glit fun mitnacht-wajn:
redt emez mit a loschn woss kejner hot nit dermont.

wen di farnacht-sun rint schtil in dajn blut;
wen undser blik wert regnbojgn un krischtol;
wen ojf dajne schlejfn frosstik a groje hor rut:
derzejlt dir der schpigl legendess fun amol.

Wenn ins Meer der Nacht Berge wie Schiffe gleiten,
Und Sinfonien öffnen die Tore im verträumten Land,
Wenn das stille Wunder glüht vom Mitternachtswein:
Spricht jemand in einer Sprache, die noch keiner gekannt.

Wenn die Abendsonne dir still in die Adern rinnt,
Wird unser Blick wie Iris, und klar wie Kristall;
Wenn graues Haar frostig auf deinen Schläfen liegt:
Dann erzählt dir der Spiegel: Es war einmal.

נעכט

וועןַ די טעג פאַרזינקען,
קומען נעכט אַריַין,
ווערט די ווייט פאַרשלאָסן
ווי האַרטער שטיין.

קומען ווייסע טעכטער
פון ברוינעם וואַלד;
קיל פון זייערע הענט
דאָס לעבן פאַלט.

טיף ווי דער טויט
איז די טעכטערס שוויַיגן,
און גאָטס שטערן
פאַרבלאַסט אין די צוויַיגן.

פאַרלאָשענע פינגער
גלעטן קיל מיַין געזיכט,
שטעלן מיר צו קאָפּנס
שוואַרץ צעברענטע ליכט.

NECHT

wen di teg farsinken,
kumen necht arajn,
wert di wajt farschlossn
wi harter schtejn.

kumen wajsse techter
fun brojnem wald;
kil fun sejere hent
doss lebn falt.

tif wi der tojt
is di techterss schwajgn,
un gotss schtern
farblasst in di zwajgn.

farloschene finger
gletn kil majn gesicht,
schteln mir zukopnss
schwarz zebrente licht.

NÄCHTE

Wenn die Tage versinken,
Drängen die Nächte herein,
Wird die Ferne verschlossen
Wie harter Stein.

Wenn aus braunen Wäldern
Weiße Töchter schweben,
Fällt aus ihren kühlen Händen
Lauter Leben.

Tief wie der Tod
Ist töchterliches Schweigen,
Und Gottes Stirn
Verblaßt in den Zweigen.

Erloschne Finger
Streicheln kühl mein Gesicht,
Stellen mir zukopfe
Ein schwarzes Licht.

מיטנאַכט פאַר אַן אַלטן בית-עולם

אין טיפער מיטנאַכט
אָטעמט מער ניט קיין טריט;
נאָר די שטילקייט וואַכט
און נעמט מיך אין איר מיט.

אין פענצטער פון שול
שווייגן אַלטע ספרים,
מתים שטייען אַרויס קיל
פון פאַרגעסענע קברים.

שווער פון זיי צערינט
אַ טונקעלע סכנה;
מיטן צעשראָקענעם ווינט
סודעט זיך די לבנה.

שטערן אין פאַרלעשן זיך
ציטערן אַ ווײַלע אויף;
גאָט גייט אין ווײַסע שיך
דורכן אַלטן שולהויף.

שוואַרצע רויזן בליִען
אין אויגן פון מתים;
און קאַלט זיי ציִען
אין ווײַסע טליתים.

יעדער טראָגט אין הענט
זײַן אַשיק האַרץ און
איבער אַלע ברענט
אַ טויטע שוואַרצע זון.

MITNACHT FAR AN ALTN BESS-OJLEM

in tifer mitnacht
otemt mer nit kejn trit;
nor di schtilkejt wacht
un nemt mich in ir mit.

in fenzter fun schul
schwajgn alte ssforim,
mejssim schtajgn arojss kil
fun fargessene kworim.

schwer fun sej zerint
a tunkele ssakone;
mitn zeschrokenem wint
ssojdet sich di lewone.

schtern in farleschn sich
zitern a wajle ojf;
got gejt in wajsse schich
durchn altn schulhojf.

schwarze rojsn blien
in ojgn fun mejssim;
un kalt sej zien
in wajsse talejssim.

jeder trogt in hent
sajn aschig harz un
iber ale brent
a tojte schwarze sun.

MITTERNACHT VOR EINEM ALTEN FRIEDHOF

In tiefer Mitternacht
Atmen keine Schritte;
Nur die wachende Stille
Nimmt mich in ihre Mitte.

Dort im Bethausfenster
Schweigen die Bücher still,
Und aus vergessenen Gräbern
Steigen die Toten kühl.

Eine dunkle Gefahr
Schwer auf ihnen zerrinnt;
Und es flüstert der Mond
Mit dem erschrockenen Wind.

Sterne erzittern
Und löschen flirrend aus.
Gott geht in weißen Schuhen
Übern Hof am Gotteshaus.

Schwarze Rosen blühn
In den Augen der Toten mild.
Kalt ziehn die Toten, in weiße
Talles eingehüllt.

Ein jeder in seinen Händen
Ein Herz von Asche hält.
Eine tote schwarze Sonne
Brennt über der Welt.

נאַכט־עלעגיע

די נאַכט רינט פֿון דעם גוססדיקנס הענט
און טונקעלע קולות רוישן פֿאַר זײַן טיר;
קינס שאָטן ציטערט אויף בלייכע ווענט
און אייביק וווינט זײַן שרעק אין מיר.

פֿאַרבאָרגן וויינט די רגע פֿון פֿאַר־מיטנאַכט.
אַרבעטער בענקען נאָך ברויט און ווײַן;
אין זייערע חלומות ציען קיל פֿאַרטראַכט
זייערע הונגעריקע טעג אַרויס און אַרײַן.

קיינער האָט זיי ניט פֿון זייער בליק באַפֿרײַט
וואָס טונקלט נאָך אַפֿילו אין זונענשײַן.
ווער ברענגט פֿאַר זיי יענע כישופֿדיקע צײַט,
ווען זיי לאַכן און זענען מער ניט אַליין?

איובֿס גײַסט שוועבט שטיל אין בלויען אל.
גרין ציטערן קוים די גרילן־געזאַנגען.
מיט קאַלטן אָטעם איז אינעם שאָטנדיקן טאָל
דער טונקעלער זין פֿון נאַכט אויפֿגענגאַנגען.

NACHT-ELEGJE

di nacht rint fun dem gojssessdiknss hent
un tunkele kojless rojschn far sajn tir;
kajinss schotn zitert ojf blejche went
un ejbik wojnt sajn schrek in mir.

farborgn wejnt di rege fun far-mitnacht.
arbeter benken noch brojt un wajn;
in sejere chalojmess zien kil fartracht
sejere hungerike teg arojss un arajn.

kejner hot sej nit fun sejer blik bafrajt
woss tunklt noch afile in sunenschajn.
wer brengt far sej jene kischefdike zajt,
wen sej lachn un senen mer nit alejn?

ijowss gajsst schwebt schtil in blojen al.
grin zitern kojm di griln-gesangen.
mit kaltn otem is inem schotndikn tol
der tunkeler sin fun nacht ojfgegangen.

NACHT-ELEGIE

Die Nacht rinnt von des Sterbenden Hand,
Und dunkle Stimmen rauschen vor seiner Tür.
Kains Schatten zittert auf bleicher Wand,
Und ewig wohnt sein Schrecken in mir.

Heimlich weint der Vormitternachts-Augenblick.
Arbeiter sehnen sich nach Brot und Wein.
In ihren Träumen, kühl und grüblerisch,
Ziehn ihre hungrigen Tage aus und ein.

Keiner hat sie von ihrem Blick befreit,
Der finster bleibt im hellsten Sonnenschein.
Wer bringt ihnen die verzauberte Zeit,
Da sie lachen, und sind nie mehr allein?

Hiobs Geist schwebt still im blauen All.
Leis-grün haben Grillen zu singen angefangen.
Mit kaltem Atem ist im Schattental
Der dunkle Sinn der Nacht aufgegangen.

ווּ אַהין?

שווייגן בלוטיקט אין זילבערדיקן קאָרן;
שטיל. מיטנאַכט איז אייביקייט געוואָרן.

וואָלקן און ווינט רינען איבערן שטיין.
פון בית עולם אָטעמט טיף קברים־געווײן.

ברונעמס פאַרזינקען אין שווערן טרוים
קיל פאַלן פלעדערמײז פון יעדן בוים,

פאַלן ווייך אין טונקלען טויטן־שפּיגל;
קינדער־שרעק אָטעמט אויף זייערע פליגל.

אין שמש'ס האָר לאַכט פאַרבאָרגן גאָט —
שוואַרצע רויזן בליען אונטערן שמש'ס טראָט.

אין בעטלערס אויגן פראָסטיקן די צײטן,
אויף זיין שטערן גליען איינזאַמע וויטן.

ווּ אַהין?

WU AHIN?

schwajgn blutikt in silberdikn korn;
schtil. mitnacht is ejbikejt geworn.

wolkn un wint rinen ibern schtejn.
fun bess ojlem otemt tif kworim-gewejn.

brunemss farsinken in schwern trojm
kil faln fledermajs fun jedn bojm,

faln wejch in tunklen tojtn-schpigl;
kinder-schrek otemt ojf sejere fligl.

in schamess'ss hor lacht farborgn got —
schwarze rojsn blien untern schamess'ss trot.

in betlerss ojgn frosstikn di zajtn,
ojf sajn schtern glien ejnsame wajtn.

wu ahin?

WOHIN?

Schweigen blutet im silbernen Getreid;
Still. Mitternacht wurde zur Ewigkeit.

Wolken und Wind zerrinnen über Steinen;
Vom Friedhof atmet tiefes Gräberweinen.

Brunnen versinken in schwerem Traum;
Kühl fallen Fledermäuse aus jedem Baum,

Fallen weich in dunklen Totenspiegel;
Kinderschrecken keucht auf ihrem Flügel.

Und Gott lacht, in des Schammes Haar versteckt –
Des Schammes Schritte haben schwarze Rosen geweckt.

In des Bettlers Augen gefrieren die Zeiten.
Auf seiner Stirn glühn einsame Weiten.

Wohin?

אין נעפל־טליתים הילן זיך טאָלן אַצינד —
דעם בעטלערס געוויין גייט מיטן האַלבנאַכט־ווינט.

שווייגן בלוטיקט אין פֿאַרלאָשענעם קאָרן;
די צוועלפֿטע שעה — איז אייביקייט געוואָרן.

in nepl-talejssim hiln sich toln azind –
dem betlerss gewejn gejt mitn halbnacht-wint.

schwajgn blutikt in farloschenem korn;
di zwelfte scho – is ejbikejt geworn.

Gebetsschal aus Nebel, der die Täler verhüllt –
Der Mitternachtswind hat Bettlers Weinen gestillt.

Schweigen blutet im verloschnen Getreid;
Die zwölfte Stunde wurde zur Ewigkeit.

נאַכטלעך

שטערן פֿיבערן איבער שװאַרצע דעכער.
קאַנאַלן זינגען אױס אַ טונקל געזאַנג.
אַלע אױגן זענען פֿולע לבֿנהיקע בעכער
אָנגעפֿילט מיטן ביטערן מיטנאַכט־געטראַנק.

אבֿלדיק בעטן אַלטע נאַקעטע בױמער.
שטשורעס זענען שיכור פֿון פֿינצטערן נעקטאַר;
די רעגן איז אַ שװײַגנדיקער מתים־שומר
אין חלומות אױפֿגעבליטע פֿון צער.

שװעסטער, דו ביסט דער האַרבסט און רעגן.
איך פֿיר דײַנע טױטע קינדער צום חצות;
און אױף קאַלטע מיטנאַכטלעכע װעגן
ברענט אין אונדזער טרער אַ קינה־אות.

NACHTLECH

schtern fibern iber schwarze decher.
kanaln singen ojss a tunkl gesang.
ale ojgn senen fule lewonike becher
ongefilt mitn bitern mitnacht-getrank.

owldik betn alte nakete bojmer.
schtschuress senen schiker fun finztern nektar;
di rege is a schwajgndiker mejssim-schojmer
in chalojmess ojfgeblite fun zar.

schwesster, du bisst der harbsst un regn.
ich fir dajne tojte kinder zum chzoss;
un ojf kalte mitnachtleche wegn
brent in undser trer a kine-oss.

NÄCHTLICH

Sterne fiebern über schwarzen Dächern.
Kanäle singen ihren dunklen Gesang.
Alle Augen gleich vollen Bechern des Mondes,
Angefüllt mit bitterm Mitternachts-Trank.

Trauernd beten alte nackte Bäume.
Ratten, von finsterm Nektar trunken und müd.
Der Augenblick – ein schweigender Totenwächter,
Aus dem Schmerz der Träume aufgeblüht.

Schwester Regen und Herbst, deine toten Kinder
Führ ich zum Mitternachtsgebet, wieder und wieder;
Und auf all den kalten Mitternachtswegen
Brennen in unsern Tränen Klagelieder.

רחל

הייב אָן – זיבן זונען האָבן דיין שמייכל צעהעלט,
אויף פֿליגל פֿון דער נאַכט טראָגט אַוועק זיך די אימה –
שוין כּישופֿט אין דיין בליק יענע קומענדיקע וועלט
פֿון צעפֿלאַטערטע מלאכים און קאַיאָרן נאָך געהיימע.

דו ביסט דאָס ליכט וואָס שטראַלט פֿון אונדזער אויג אַרויס.
פֿון אונדזער געבוירן־רגע ביסטו דאָס טיפֿע שווייגן;
ווען דו שפּאַנסט פֿון אין־סופֿיקן בראשית אַזוי גרויס,
הערן מיר אין תּהומיקן פֿאַלן דיין געזאַנג פֿון שטייגן.

אין דיין שאָטן רוען מיר אויס פֿונעם הייסן מידבר־ווינט,
אין דיין בענקשאַפֿט ווערן מיר תּמיד אויפֿסנײַ געבוירן;
ווען פֿון אונדזערע גלות־טריט דער שווערער צער רינט,
מאַכסטו אין אונדזער חלום אויף ירושלימס זוניקע טויערן.

ROCHEL

hejb on – sibn sunen hobn dajn schmejchl zehelt,
ojf fligl fun der nacht trogt awek sich di ejme –
schojn kischeft in dajn blik jene kumendike welt
fun zeflaterte malochim un kajorn noch gehejme.

du bisst doss licht woss schtralt fun undser ojg arojss.
fun undser gebojrn-rege bisstu doss tife schwajgn;
wen du schpansst fun ejn-ssofikn berejschess asoj grojss,
hern mir in tehomikn faln dajn gesang fun schtajgn.

in dajn schotn ruen mir ojss funem hejssn midber-wint,
in dajn benkschaft wern mir tomed ojfsnaj gebojrn;
wen fun undsere goless-trit der schwerer zar rint,
machsstu in undser cholem ojf jeruscholajimss sunike tojern.

RACHEL

Fang an – sieben Sonnen haben dein Lächeln erhellt,
Auf dem Flügel der Nacht sind die Schrecken entschwunden.
Schon zaubert dein Blick jene kommende Welt
Flatternder Engel und heimlicher Morgenstunden.

Du bist das Licht, das unser Auge sendet.
Von unsrer Geburt her bist du das tiefe Schweigen;
Schreitest groß deinen Weg, der niemals endet,
Stürzend hörn wir dein Lied vom Aufwärtssteigen.

In deinem Schatten ruhn wir vom heißen Wüstenwind,
In deiner Sehnsucht werden wir immer neu geboren.
Wenn von unsern Diaspora-Schritten das Leid verrinnt,
Öffnest du uns im Traum Jerusalems sonnige Tore.

פֿון דײַן צאָרן שמידן מיר אויס אַ פֿלאַמיקע שווערד
און קריצן פֿײַערדיק אײַן אין הימל: – משיח מוז קומען!
און ביז דער לעצטער מת האָט דעם דערוואַרטן רוף דערהערט,
האָסטו מיט דײַנע טרערן דעם פֿאַרשטײנערטן הימל אײַנגענומען.

דער לעצטער נבֿיא האָט זיך צווישן דיר און גאָט געשטעלט
און אַ פֿלאַמענדיקער צעשטורעמט ער דעם פֿעלדזן פֿון אימה
און טראָגט אויף זײַן שטערן די לוחות ברענענדיק צעהעלט
און אין זײַנע אויגן דײַנע ליכטיקע קאַיאָרן נאָך געהײמע.

fun dajn zorn schmidn mir ojss a flamike schwerd
un krizn fajerdik ajn in himl: – meschiech mus kumen!
un bis der lezter mess hot dem derwartn ruf derhert,
hosstu mit dajne trern dem farschtejnertn himl ajngenumen.

der lezter nowi hot sich zwischn dir un got geschtelt
un a flamendiker zeschturemt er dem feldsn fun ejme
un trogt ojf sajn schtern di luchess brenendik zehelt
un in sajne ojgn dajne lichtike kajorn noch gehejme.

Wir schmieden aus deinem Zorn ein Flammenschwert
Und brennen in den Himmel: Messias muß kommen!
Bis der letzte Tote den ersehnten Ruf gehört,
Hast du mit deinen Tränen den steinernen Himmel eingenommen.

Der letzte Prophet, zwischen dich und Gott gestellt –
Der flammend auf dem Felsen der Schrecken ficht –
Auf seiner Stirn die Gebote, von Feuer erhellt,
In seinen Augen glimmt dein heimliches Morgenlicht.

בײ דער ירמיהו־סטאַטוע אין אַלט־זשענעװע

אײביק שטײען אױף טונקל־אַלטע פּלעצער
סטאַטועס שטײנערנע אין קאַלטן לבֿנה־שײן
און שלײכן טײלמאָל אין אונדזערע חלומות
װי פֿינצטערע רוחות אַרױס און אַרײן.

דו אָבער שטײסט אַזױ פֿאַרשװיגן און גרױס
אין רגעס שװעבנדיקע צװישן סוף און באַגין
װי אַ גואל אַ באַפֿרײַטער פֿון זיך און צײַט
װאָס איז אַלײן דער סוד און דער לעצטער זין.

בײ האַלבנאַכט־טױערן זאַמלט זיך דײן פֿאָלק
צו די װײטן אױסגעשטרעקט זײן פֿלאַמיקע שװערד;
בשעת דײן װאָרט גײט אױף נאַקעט און שװער
און װי דײן צער בלײבט עס פֿון קײנעם דערהערט.

BAJ DER JIRMIOHU-SSTATUE IN ALT-SHENEWE

ejbik schtejen ojf tunkl-alte plezer
sstatuess schtejnerne in kaltn lewone-schajn
un schlajchn tejlmol in undsere chalojmess
wi finztere ruchess arojss un arajn.

du ober schtejsst asoj farschwign un grojss
in regess schwebndike zwischn ssof un bagin
wi a gojel a bafrajter fun sich un zajt
woss is alejn der ssod un der lezter sin.

baj halbnacht-tojern samlt sich dajn folk
zu di wajtn ojssgeschtrekt sajn flamike schwerd;
beschass dajn wort gejt ojf naket un schwer
un wi dajn zar blajbt ess fun kejnem derhert.

BEI DER JEREMIAS-STATUE IN ALT-GENF

Ewig stehen auf dunkel-alten Plätzen
Steinerne Statuen im kalten Mondenschein
Und schleichen manchmal in unsere Träume
Wie finstere Dämonen aus und ein.

Du aber stehst in Augenblicken schweigend und groß,
Schwebend zwischen Ende und Anbeginn,
Wie ein Erlöser, befreit von sich und der Zeit,
Selber Geheimnis und der letzte Sinn.

Bei Mitternachtstoren sammelt sich dein Volk,
In die Weiten hin streckt es sein Flammenschwert;
Da dein Wort aufgeht so nackt und schwer,
Und wie dein Leid wird es von keinem gehört.

וויפל נעכט האָט דײן אויג הייס אויסגעטונקלט,
ווען גאָטס צאָרן האָט פֿאַרלאָשן ירושלימס קאַיאָר?
בײ די גלות־שוועלן צינדט תמיד דײן געוויין
דעם טרויער פֿון ערשטן און דעם ייִנגסטן דור.

פֿאַרשטיינערט שטיי איך צווישן חלום און וואָר
פֿאַר דײן סטאַטוע אין דעם קאַלטן לבֿנה־שײן
און ווייס: וועסט אייביק ציען אין אונדזער מיט,
גרויס ווי דער אין־סוף און ווי ער אויך – אַליין.

wifl necht hot dajn ojg hejss ojssgetunklt,
wen gotss zorn hot farloschn jeruscholajimss kajor?
baj di goless-schweln zindt tomed dajn gewejn
dem trojer fun erschtn un dem jingsstn dor.

farschtejnert schtej ich zwischn cholem un wor
far dajn sstatue in dem kaltn lewone-schajn
un wejss: wesst ejbik zien in undser mit,
grojss wi der ejn-ssof un wi er ojch – alejn.

Wieviel Nächte hat dein Aug heiß verdunkelt,
Da Jerusalems Frühlicht erlosch vor Gottes Zorn?
Bei den Diaspora-Schwellen zünden deine Klagen
Trauer der Väter, und jener, die eben geborn.

Versteinert stehe ich zwischen Traum und Tag
Vor deiner Skulptur im kalten Mondenschein
Und weiß: ewig ziehst du in unsrer Mitte,
Wie der Unendliche groß und wie er – allein.

אויף די וועגן פון ייִדישן חלום

אין חלום גייען מיר אויף פֿאַרלאָשענע וועגן,
אונדזערע אויגן ברענען אַזוי שווער און קאַלט
און עמעץ טראָגט פֿאַר אונדז, אויף פֿאַרלאָשענע וועגן,
אין הענט אין בלייכע אונדזער ווייסע געשטאַלט.

די מוטער רחל קומט אַרויס פון דער לבנה
אין תכריכים, איר פנים איז קרישטאָליק־קלאָר;
זי זעט, די האַלבנאַכט אין שײַן פון דער לבנה,
פֿאַלט ווי שוואַרצער שניי פון אונדזערע האָר.

פֿון די ברוינע בערג, די בערג פון יהודה,
רינט דעם אָדלערס טרויער און באַגלייט
די געפֿאַלענע מלאכים אין די בערג פון יהודה,
אין שאָטנדיקן אָפּגלאַנץ פון אַ הייליקער צייט.

פֿאַר זיבן ברונעמער, די דעמערדיקע ברונעמער,
רעדט אַ ייִד פון שלאָף צו די אבות און צום האַר —
און אויפן ייִדס אַשיקן שטערן, בײַ די ברונעמער,
ברענט אַ פֿייערדיקער דאָרן און מידברשער צער.

OJF DI WEGN FUN JIDISCHN CHOLEM

in cholem gejen mir ojf farloschene wegn,
undsere ojgn brenen asoj schwer un kalt
un emez trogt far unds, ojf farloschene wegn,
in hent in blejche undser wajsse geschtalt.

di muter rochel kumt arojss fun der lewone
in tachrichim, ir ponem is krischtolik-klor;
si set, di halbnacht in schajn fun der lewone,
falt wi schwarzer schnej fun undsere hor.

fun di brojne berg, di berg fun jehude,
rint dem odlerss trojer un baglejt
di gefalene malochim in di berg fun jehude,
in schotndikn opglanz fun a hejliker zajt.

far sibn brunemer, di demerdike brunemer,
redt a jid fun schlof zu di owess un zum har –
un ojfn jidss aschikn schtern, baj di brunemer,
brent a fajerdiker dorn un midberscher zar.

AUF DEN WEGEN DES JÜDISCHEN TRAUMS

Im Traum gehn wir auf verloschenen Wegen,
Unsere Augen brennen schwer und kalt,
Und jemand trägt vor uns, auf verloschenen Wegen,
In bleichen Händen unsre weiße Gestalt.

Und Mutter Rachel kommt vom Mond herab
Im Totenhemd, ihr Antlitz kristallen-klar;
Sie sieht, die Mitternacht im Schein des Mondes
Fällt wie schwarzer Schnee aus unserm Haar.

Von den braunen Bergen, den Bergen Jehudas,
Rinnt des Adlers Trauer als Geleit
Für gefallene Engel in die Berge Jehudas,
In den schattigen Abglanz einer heiligen Zeit.

Spricht im Schlaf, vor sieben dämmrigen Brunnen,
Ein Jude zu Gott und den Vätern himmelwärts –
Und auf des Juden aschener Stirn, bei den Brunnen,
Flammt brennender Dornbusch und der Wüstenschmerz.

עמעץ קריצט אין דער נאכט פארגעסענע תפילות
און פארלעשט די גלות-רגע פון אונדזער טריט —
וואקסן מיר צום הימל, ווי די שטילע תפילות,
און נעמען פון דארט גאָטס שווייגן מיט זיך מיט.

פאַר די טויערן, ירושלימס בראשיתדיקע טויערן,
רעדט אַ נביא פון גאולה מיט אַ ניט-געבוירן קינד;
און דעם נביאס אויגן, פאַר ירושלימס טויערן,
שליסט ווי פאַרהיילטע וואונדן אַ הייסער מידבר-ווינט.

אין חלום גייען מיר אויף פאַרלאָשענע וועגן,
אונדזערע אויגן ברענען אזוי שווער און קאַלט —
און עמעץ טראָגט פאַר אונדז, אויף פאַרלאָשענע וועגן,
אין הענט אין בלייכע אונדזער ווייסע געשטאַלט.

emez krizt in der nacht fargessene tfiless
un farlescht die goless-rege fun undser trit —
wakssn mir zum himl, wi di schtile tfiless,
un nemen fun dort gotss schwajgn mit sich mit.

far di tojern, jeruscholajimss berejschessdike tojern,
redt a nowi fun ge'ule mit a nit-gebojrn kind;
un dem nowiss ojgn, far jeruscholajimss tojern,
schlisst wi farhejlte wundn a hejsser midber-wint.

in cholem gejen mir ojf farloschene wegn,
undsere ojgn brenen asoj schwer un kalt —
un emez trogt far unds, ojf farloschene wegn,
in hent in blejche undser wajsse geschtalt.

Jemand ritzt in die Nacht vergeßne Gebete
Und löscht den Augenblick des Exils auf unserer Bahn –
Wir wachsen zum Himmel wie die stillen Gebete
Und nehmen von dort Gottes Schweigen an.

Vor den Toren, Jerusalems Toren der Frühe,
Spricht ein Prophet von Erlösung mit einem ungebornen Kind;
Und die Prophetenaugen, vor Jerusalems Toren,
Schließt, wie er Wunden heilt, ein heißer Wüstenwind.

Im Traum gehn wir auf verloschenen Wegen,
Unsere Augen brennen so schwer und kalt –
Und jemand trägt vor uns, auf verloschenen Wegen,
In bleichen Händen unsre weiße Gestalt.

מויערן – שטיינערנע פֿארהאַנגען.
די לעצטע שעה איז אויפֿגעגאַנגען
קיל פֿאַרטראַכט.
אויף טונקעלע צווייגן שפּינען
רעגנס עפּעס אַ סוד און צערינען
אין טראָפּנס נאַכט.

גאַסן – אויפֿגעוויקלטע פֿעכער.
אונטער די פֿאַרשוויגענע דעכער
וועקט זיך אַ ווינט.
ווי פֿון אויסגעטריקנטע קוואַלן
שטערן פֿאַרלעשן זיך און צעפֿאַלן
בלוי – ווי היאַצינט.

הייליק איז דעם בעטלערס וויינען;
טיף אין זיינע חלומות שיינען
מעת־לעתן פֿון נויט.
ווען ס'רויכערט איבער אים דער הימל
דעם לעצטן און פֿראָסטיקן דרימל,
שמייכלט ער שטיל צום טויט.

DI BALADE FUN DER ZWELFTER SCHO

mojern – schtejnerne forhangen.
di lezte scho is ojfgegangen
kil fartracht.
ojf tunkele zwajgn schpinen
regess epess a ssod un zerinen
in tropnss nacht.

gassn – ojfgewiklte fecher.
unter di farschwigene decher
wekt sich a wint.
wi fun ojssgetriknte kwaln
schtern farleschn sich un zefaln
bloj – wi hiazint.

hejlik is dem betlerss wejnen;
tif in sajne chalojmess schajnen
mess-lessn fun nojt.
wen ss'rojchert iber im der himl
dem leztn un frosstikn driml,
schmejchlt er schtil zum tojt.

Der steinerne Vorhang weht,
Die letzte Stunde vergeht
Kühl und bedacht.
Augenblicke spinnen
Ein Geheimnis, zerrinnen
In Tropfen Nacht.

Straßen – gespreizte Fächer.
Unter verschwiegenen Dächern
Erwacht ein Wind.
Wie aus verdorrten Quellen
Sterne verlöschen, zerschellen
Blau – wie Hyazint.

Heilig des Bettlers Klagen;
In seine Träume ragen
Tage Nächte der Not.
Die Himmel rauchverhangen.
Frostig vom Schlaf umfangen,
Lächelt er sich in den Tod.

אינעם קריגערס שטאָלערנע אויגן
האָבן שלאַנגען גרינע אַדורכגעצויגן
בלוטיקן טוי;
עמעץ בײגט זיך איבער זײנע וווּנדן,
נאָר זײנע ליפּן האָבן זיך אָנגעצוּנדן
קבֿרימדיק־בלוי.

יחזקאלס בײנערדיקע שליחים
הילן זיך אין ווײסע תכריכים
און שווײגן קאַלט.
איובֿ ווערט מיט יעדן דור געבױרן
און שפּיגלט אין מיטנאַכט־טױערן
אײבלדיק זײן געשטאַלט.

אסתר, ווער זאָל דײן שמײכל באַדאַרפֿן?
דודס פֿינגער האָבן אױף האַרפֿן
לאַנג שױן דערברענט.
ווען די צוועלפֿטע שעה איז אױפֿגעגאַנגען,
האָט גאָט פֿאַר די שטײנערנע פֿאָרהאַנגען
זיך אַלײן דערקענט.

inem krigerss schtolerne ojgn
hobn schlangen grine adurchgezojgn
blutikn toj;
emez bejgt sich iber sajne wundn,
nor sajne lipn hobn sich ongezundn
kworimdik-bloj.

jechessklss bejnerdike schlichim
hiln sich in wajsse tachrichim
un schwajgn kalt.
ijow wert mit jedn dor gebojrn
un schpiglt in mitnacht-tojern
owldik sajn geschtalt.

esther, wer sol dajn schmejchl badarfn?
dowidss finger hobn ojf harfn
lang schojn derbrent.
wen di zwelfte scho is ojfgegangen,
hot got far die schtejnerne forhangen
sich alejn derkent.

Durch Kriegers Augen fuhren
Grüne Schlangenspuren
Voll blutigem Tau.
Man beugt sich über die Wunde,
Doch er, aus brennendem Munde,
Schweigt gräberblau.

Hesekiels knöcherne Boten
Hülln sich in Hemden der Toten
Und schweigen kalt.
Stets wird Hiob wiedergeboren
Und spiegelt in Mitternachtstoren
Trauernd seine Gestalt.

Esther, ihr Lächeln wagend,
David, die Saiten schlagend
Mit brennender Hand.
In dieser zwölften Stunde
Hat Gott in steinerner Runde
Sich selber erkannt.

אמן

אינעם געפֿרוירענעם גלאַנץ פֿון שטערן
פֿאַרגליווערט דאָס פּנים פֿון אַ חיה;
די רעגן וואָס בליט נאָך
אויף דער חיהס טויטע ליפּן,
דערשרעקט זיך
פֿאַר דעם קאַלטן שווײַגן פֿון הימל.

איבער די שטומע מאַסקעס פֿון נאַכטלעכע פֿייגל
פֿאַרקלינגט דער פֿאַרשוויגענער
געקלאַנג פֿון שטערן־געדריי.
שוועסטער,
דײַן ווײַס־שמאָל פּנים
בייגט זיך
איבער די קילע טײַכן פֿון חלום
— די סודותדיקע שפּיגלען פֿון אמת.

די מינוט
וואָס האָט פֿאַר האַלבנאַכט זיך צעפֿליגלט,
צינדט אָן דעם אָטעם פֿון אַן אייביקייט —
און אויף אַלע טונקעלע וועגן
בליט אויף דער אָפּגלאַנץ
פֿון ברענענדיקע מלאכים
בײַנאַכט
ווען פֿון שלאָף
שעפּטשעט דער פֿרומער: אמן!

OMEJN

inem gefrojrenem glanz fun schtern
fargliwert doss ponem fun a chaje;
di rege woss blit noch
ojf der chajess tojte lipn,
derschrekt sich
far dem kaltn schwajgn fun himl.

iber di schtume masskess fun nachtleche fejgl
farklingt der farschwigener
geklang fun schtern-gedrej.
schwesster,
dajn wajss-schmol ponem
bejgt sich
iber di kile tajchn fun cholem
— di ssojdessdike schpiglen fun emess.

di minut
woss hot far halbnacht sich zefliglt,
zindt on dem otem fun an ejbikejt —
un ojf ale tunkele wegn
blit ojf der opglanz
fun brenendike malochim
bajnacht
wen fun schlof
scheptschet der frumer: omejn.

AMEN

Im gefrorenen Glanz der Sterne
Erstarrt das Tiergesicht;
Der Augenblick, noch blühend
Auf den toten Lippen des Tieres,
Erschrickt
Vor dem kalten Schweigen des Himmels.

Über den stummen Masken nächtlicher Vögel
Verklingt der schweigende
Ton der kreisenden Sterne.
Schwester,
Dein weißes, schmales Gesicht
Beugt sich
Über die kühlen Flüsse des Traums –
Geheimnisvolle Spiegel der Wahrheit.

Die Minute,
Die vor Mitternacht aufflattert,
Zündet den Atem der Ewigkeit –
Und auf allen dunklen Wegen
Blüht der Widerschein
Brennender Engel
Nachts,
Wenn aus dem Schlaf
Der Fromme sein »Amen« flüstert.

מיר

פֿאַר הערמאַן העסע אַן ענטפֿער

וויי, זיבן זונען האָבן מײַן האַרטן שאַרבן צעבראָכן
און טויזנט נעכט רײַסן זיך פֿון מײַן אויג אַרויס –
די דורות אין געראַנגל אין מיר ווילן זיך פֿאַריאָכן
און שוין מישט מיך מײַן שווייס מיט די טויטע אויס.

דער אָטעם פֿון קריגער ברענט אַרום דער ערד ווי פּלאַנעטן,
אויף מײַן שטערן קריצן פֿעלקער היעראָגליפֿן פֿון נויט –
מײַן גײַסט איז דער פֿלאַמען-קיטל פֿאַר יחזקאלס סקעלעטן
און פֿאַר הונגעריקע מלאכים אַ בבל-טורעם פֿון ברויט.

ער אָבער שווײַגט. – אין אַל שפּאַנט ער אײַזיקע מינוטן
און צעשיידט אונדז פֿינצטער אין נעכטן און הײַנט;
אַזוי ציען מיר נאַקעט צווישן גוט און נישטגוטן
נבֿיא און קינד מיט פֿײַער-הענט צי מיטן וואָרט »פֿרײַנד«.

MIR

far herman hesse an entfer

wej, sibn sunen hobn majn hartn scharbn zebrochn
un tojsnt necht rajssn sich fun majn ojg arojss –
di dojress in gerangl in mir wiln sich farjochn
un schojn mischt mich majn schwejss mit di tojte ojss.

der otem fun kriger brent arum der erd wi planetn,
ojf majn schtern krizn felker hieroglifn fun nojt –
majn gajsst is der flamen-kitl far jechessklss sskeletn
un far hungerike malochim a bowl-turem fun brojt.

er ober schwajgt. – in al schpant er ajsike minutn
un zeschejdt unds finzter in nechtn un hajnt;
asoj zien mir naket zwischn gut un nischtgutn
nowi un kind mit fajer-hent zi mitn wort »frajnd«.

WIR
Eine Antwort an Hermann Hesse

Weh, sieben Sonnen haben meinen Schädel zerbrochen,
Tausend Nächte hab ich aus meinen Augen gewischt –
Geschlechter streiten in mir und wollen sich unterjochen,
Während mein Schweiß sich mit dem der Toten mischt.

Kriegeratem umflammt die Erde wie Planeten,
In meine Stirn ritzen Völker Hieroglyphen der Not.
Mein Geist ist das Flammenhemd für Hesekiels Skelette
Und für hungrige Engel ein Babel-Turm aus Brot.

Er schweigt im All, spannt eisige Minuten,
Und er trennt uns finster in Gestern und Heut.
So ziehen wir nackt zwischen dem Bösen und Guten,
Prophet und Kind, mit Feuerhand oder mit Freundlichkeit.

אָ, מיר זיינען ווי איוב נאָר צו זיך דערגאַנגען,
דורך צער אין בלוטיקן אַש פון אָרעם און רייכן טראָט –
איינגעוויקלט אין קללות ווי אין פלאַמיקע שלאַנגען
בלייבט מענטש צו מענטש גלייך ווי גאָט צו גאָט.

o, mir sajnen wi ijow nor zu sich dergangen,
durch zar in blutikn asch fun orem un rajchn trot –
ajngewiklt in kloless wi in flamike schlangen
blajbt mentsch zu mentsch glajch wi got zu got.

O wir können wie Hiob nur zu uns selber gelangen
Durch Qual in blutiger Asche von Reichtum und Not –
Umfangen von wilden Flüchen wie Feuerschlangen
Ist der Mensch zum Menschen wie Gott zu Gott.

אורשווייץ

פון א וואנדערונג אין מאדעראנער טאל
מיטן פריינד און דיכטער קארל זעליג

איר ווילדע בערג
אין פארשטיינערטן טרויער
די ווייסע גלעטשער
אטעמען
ווי פראסטיקע לבנות.
דעם אדלערס טונקעלער פלי
כישופט
איבערן גרינעם אומרו פון טאל.

URSCHWEJZ

*fun a wanderung in maderaner tol
mitn frajnd un dichter karl selig*

ir wilde berg
in farschtejnertn trojer
di wajsse gletscher
otemen
wi frosstike lewoness.
dem odlerss tunkeler fli
kischeft
ibern grinem umru fun tol.

שווייגן – דיינע ווייסע טריט
דעמערן קאלט אין מיין הארץ;
אין מיינע אויגן וויגן זיך
די קילע וועלדער
וואס די בערג טראגן
אין הענט פון גראניט.

schwajgn – dajne wajsse trit
demern kalt in majn harz;
in majne ojgn wign sich
di kile welder
woss di berg trogn
in hent fun granit.

שטומע געטער!
אייער צארן שטורעמט
אויס צעריסענע שטיינערדיקע ברוסטן
פון אייביקייט צו אייביקייט
– בלינדער וואסערפאל!

schtume geter!
ajer zorn schturemt
ojss zerissene schtejnerdike brusstn
fun ejbikejt zu ejbikejt
– blinder wasserfal!

טונקעלע גייסטער שוועבן
צווישן פעלדזיקע ווענט –
געשריי פון דער שקיעה
אויף נאקעטע בערגשפיצן:
אין שפיגל פון אייגענעם בלוט
האט א פארווונדערטער פויגל
דעם טויט דערקענט.

tunkele gajsster schwebn
zwischn feldsike went –
geschrej fun der schkie
ojf nakete bergschpizn:
in schpigl fun ejgenem blut
hot a farwunderter fojgl
dem tojt derkent.

URSCHWEIZ

*Von einer Wanderung im Maderaner Tal
mit dem Freunde und Dichter Carl Seelig*

Ihr wilden Berge
In versteinerter Trauer,
Die weißen Gletscher
Atmen
Wie frostige Monde.
Des Adlers dunkler Flug
Zaubert über der grünen
Unruhe des Tals.

Schweigen – deine weißen Schritte
Dämmern kalt in mein Herz;
In meinen Augen wiegen sich
Die kühlen Wälder,
Getragen von den Bergen
In Händen von Granit.

Stumme Götter!
Euer Zorn stürmt
Aus zerrißnen steinernen Brüsten
Von Ewigkeit zu Ewigkeit –
Blinder Wasserfall!

Dunkle Geister schweben
Zwischen felsigen Wänden –
Schrei des Sonnenuntergangs
Auf nackten Berggipfeln:
Im Spiegel des eigenen Bluts
Hat ein verwunderter Vogel
Den Tod erkannt.

הייסער צער,
איר שטיינערדיקע טיטאַנען!
אייערע שטומע נשמות
גליווערן צווישן דונער און בליץ!
אויפגעטורעמט אין שווייגן,
געשלאָגן
פון שווערער מרה שחורה,
שטייט איר,
פינצטער פאַרשלאָסענע גולמס
צווישן מענטש אין גאָט.

פייער
איז מיין ווילדע שרעק!
די שנייאיקע בערגשפיצן
שניידן דורך מיין האַרץ
און לייכטן אין מיר קאַלט
ביז אין מיין טויט.

hejsser zar,
ir schtejnerdike titanen!
ajere schtume neschomess
gliwern zwischn duner un bliz!
ojfgeturemt in schwajgn,
geschlogn
fun schwerer more schchojre,
schtejt ir,
finzter farschlossene golemss
zwischn mentsch un got.

fajer
is majn wilde schrek!
di schnej'ike bergschpizn
schnejdn durch majn harz
un lajchtn in mir kalt
bis in majn tojt.

Heißes Leid,
Ihr steinernen Titanen!
Eure stummen Seelen
Erstarren zwischen Donner und Blitz!
Aufgetürmt in Schweigen,
Geschlagen
Von harter Schwermut,
Steht ihr,
Finster-verschlossene Golems,
Zwischen Mensch und Gott.

Feuer
Ist mein wilder Schrecken!
Die schneeigen Berggipfel
Durchschneiden mein Herz
Und leuchten in mir kalt
Bis in meinen Tod.

שווייצאַריש מאָטיוו

אין טאָלן
גייט די נאַכט אַרום נאַקעט
ווי דאָס וואָרט.
באַפֿליגלט
פֿלאַטערן בערג אַוועק צו די שטערן.
אויף טײַכן
ליגט אָפּגעקילט אַ זאַטע לבנה;
די אַנדערע
ליגט אין דער הייך אבֿלדיק געפֿאַנגען.
פֿאַר קלויסטערס
זעען דאָס אַלט־פֿאַרשוויגענע פּויערטעס
און ציטערן אויף:
»עס איז די הייליקע מאַריאַ מאַגדאַלענאַ,
וואָס טובלט זיך אין הימל,
אין טײַך,
און וויל באַפֿרייען
אונדז פֿון זינד.«
אַזוי פֿיבערן די אַלטע פֿאַר קלויסטער פּאַלאַצן.
נאָר דער ווינט
זאָגט בלויִק: עס פּויקט אויף זילבערדיקע טאַצן
אַ טויטער בער אַצינד.

SCHWEJZARISCH MOTIW

in toln
gejt di nacht arum naket
wi doss wort.
bafliglt
flatern berg awek zu di schtern.
ojf tajchn
ligt opgekilt a sate lewone;
di andere
ligt in der hejch owldik gefangen.
far klojssterss
seen doss alt-farschwigene pojertess
un zitern ojf:
«ess is di hejlike maria magdalena,
woss tojwlt sich in himl,
in tajch,
un wil bafrajen
unds fun sind.»
asoj fibern di alte far klojsster palazn.
nor der wint
sogt bloj'ik: ess pojkt ojf silberdike tazn
a tojter ber azind.

SCHWEIZER MOTIV

In Tälern
Wandelt die Nacht, nackt
Wie das Wort.
Beflügelt
Flattern Berge zu den Sternen.
Auf Flüssen
Liegt gekühlt ein satter Mond;
Der zweite
Liegt droben, in Trauer gefangen.
Vor Kirchen
Sehen das die alten schweigsamen Bäuerinnen
Und erzittern:
»Es ist die heilige Maria Magdalena,
Eingetaucht in den Himmel,
In den Fluß,
Und will uns
Von Sünden befrein.«
So fiebern die Alten vor Kirch-Palästen.
Aber der blaue Wind
Sagt: auf Silbertatzen
Paukt ein toter Bär.

ממעמקים

קיל־בלויער זאמד – די שטערן צערינען,
ווייס שיט זיך די לבנה דורך די ביימער;
באלד וועט די נאכט – דער קברים־שומר,
פארלעשן איינזאמע נשמות און צערינען;
פייערהענט צינדן אשיק דעם באגינען.

אין אזא שעה, שוועסטער, ווינסטו פארלוירן
און שפיגלסט זיך אין די טויטע אויגן
פון דיינע קינדער וואס זענען אדורכגעצויגן
דיין חלום ווי רויך וואס גייט פארלוירן;
רחמים בעט די שעה פון זייער געבוירן.

נעם איך, שוועסטער, דיינע טרערן צוזאמען
און צינד זיי אן ווי אן אייביקן פאקל
אין בלוטיקן אש פון נעכטיקן סך הכל
און שפאן מיט פארגעסענע דורות צוזאמען,
וועקן א פארשטיינערטן משיח מיט די פלאמען

MIMAAMAKIM

kil-blojer samd – di schtern zerinen,
wajss schit sich di lewone durch di bejmer;
bald wet di nacht – der kworim-schojmer,
farleschn ejnsame neschomess un zerinen;
fajerhent zindn aschik dem baginen.

in asa scho, schwesster, wejnsstu farlojrn
un schpiglsst sich in di tojte ojgn
fun dajne kinder woss senen adurchgezojgn
dajn cholem wi rojch woss gejt farlojrn;
rachmim bet di scho fun sejer gebojrn.

nem ich, schwesster, dajne trern zusamen
un zind sej on wi an ejbikn fakl
in blutikn asch fun nechtikn ssach hakl
un schpan mit fargessene dojress zusamen,
wekn a farschtejnertn meschiech mit di flamen

Kühl-blauer Sand – die Sterne schwinden,
Weiß fließt der Mond durch die Bäume hin.
Bald löscht die Nacht, die Gräberhüterin,
Einsame Seelen und läßt sie schwinden,
Wenn Feuerhände äschern den Morgen zünden.

In solcher Stunde, Schwester, weinst du verloren,
Spiegelst dich in toten Augen, auch
Deiner eigenen Kinder, die wie Rauch
Durch deine Träume ziehn und gehn verloren.
Erbarmen! fleht die Stunde, da sie geboren.

Nehm ich, Schwester, all deine Tränen zusammen
Und zünde sie wie eine ewige Fackel
In blutiger Asche nächtlicher Debakel,
Geh mit vergeßnen Geschlechtern zusammen
Und weck den versteinten Messias mit meinen Flammen.

און זאָג תפילה – ווער קען זי פֿאַרנעמען?
ווער זאָל אין מיין תפילה נתגלה ווערן?
גאָטס צאָרן וויקלט זיך אַרום מיין שטערן,
באַלד וועט ער מיין גוסס-רגע פֿאַרנעמען.
און שטום אין פֿינצטערער ערד זי איינקלעמען.

מיינע אבלדיקע מינוטן בעטן שטיל נדבות –
דעם טויטן טאַטנס פֿינגער צינדן פֿאַרן עמוד
מיינע אויגן אָן אַזוי ווי אַ נר תמיד,
צולייכטן זאָלן זיי דער נאַכט וואָס זאַמלט נדבות
פֿאַר ניט־געבוירענע אייניקלעך און טויטע אבות.

אין אַזאַ שעה, שוועסטער, די שטערן צערינען;
קיל שיט זיך די לבֿנה דורך די ביימער
און ווי די נאַכט – דער קבֿרים־שומר,
פֿאַרלעשן איינזאַמע נשמות און צערינען;
אפֿשר איז ניט פֿאַראַן קיין שעה אין דעם באַגינען?

un sog tfile – wer ken si farnemen?
wer sol in majn tfile nissgale wern?
gotss zorn wiklt sich arum majn schtern,
bald wet er majn gojssess-rege farnemen.
un schtum in finzterer erd si ajnklemen.

majne owldike minutn betn schtil nedowess –
dem tojtn tatnss finger zindn farn omed
majne ojgn on asoj wi a nejr tomed,
zulajchtn soln sej der nacht woss samlt nedowess
far nit-gebojrene ejniklech un tojte owess.

in asa scho, schwesster, di schtern zerinen;
kil schit sich di lewone durch di bejmer
un wi di nacht – der kworim-schojmer,
farleschn ejnsame neschomess un zerinen;
efscher is nit faran kejn scho in dem baginen?

Und sag mein Gebet – wer wird es ermessen,
Wer kann es offenbaren und entwirrn?
Gottes Zorn umweht mir die Stirn.
Bald bin ich von der Todesangst besessen –
Er wird sie stumm in finstre Erde pressen.

Meine Trauer-Minuten bitten um milde Gaben.
Des toten Vaters Finger zünden als ewiges Licht
Diese beiden Augen in meinem Gesicht,
Sie leuchten der Nacht, und die will milde Gaben
Für ungeborne Enkel und tote Väter haben.

Schwester, wenn in solchen Stunden die Sterne schwinden,
Kühl fließt der Mond durch die Bäume hin,
Und wie die Nacht, die Gräberhüterin,
Verlöschen einsame Seelen und verschwinden –
Kann sein, die Nacht wird nie ein Ende finden?

JIDISCHER SSONET   ייִדישער סאָנעט

JIDDISCHES SONETT

ייִדישער סאָנעט

די פיראונצוואָנציק סאָנעטן פאַר רעני און טשאַרלס אוקין

א

דו פאַרנעמסט ניט מיינע אייביקע יסורים!
בין איך אפשר ניט דיין לעצטער וועג, דיין זין?
דאָס אויג מיינס וואָס אין העלן ליכט אַנטפּלעקט דיין פורעם,
בלייבט אַלץ פאַרגליווערט אין דיין הארטן יום־הדין.

דו ווינסט מיך אָדלערדיק אויף פלאַמענדיקן שטורעם
און שליידערסט מיך – אַ טראָפּן צום צערין.
מיט טויזנטער לשונות ווי ביים בבל־טורעם
פאַרטונקלסטו אין מיר דיין אייגענעם באַגין.

איך ווייס, פון פלייש און בלוט בין איך געמאַכט,
מיין גייסט איז נאָר אין דיינע טואונגען געפאַנגען
און פינצטער אויף דער וועג פון טאָג און נאַכט

בין איך דער אָטעם נאָר פון נאַקעטע פאַרלאַנגען –
און אפשר גאָר אַ קראַפט וואָס איז נאָך ניט דערגאַנגען
ווי דו – צו לעצטער און באַשטימענדיקער מאַכט?

JIDISCHER SSONET

*di firunzwonzik ssonetn far regi un
tscharlss aukin*

1

du farnemsst nit majne ejbike jessurim!
bin ich efscher nit dajn lezter weg, dajn sin?
doss ojg majns woss in heln licht antplekt dajn furem,
blajbt alz fargliwert in dajn hartn jom-hadin.

du wigsst mich odlerdik ojf flamendikn schturem
un schlejdersst mich – a tropn zum zerin.
mit tojsnter leschojness wi bajm bowl-turem
fartunkelsstu in mir dajn ejgenem bagin.

ich wejss, fun flejsch un blut bin ich gemacht,
majn gajsst is nor in dajne tuungen gefangen
un finzter ojf der wog fun tog un nacht

bin ich der otem nor fun nakete farlangen –
un efscher gor a kraft woss is noch nit dergangen
wi du – zu lezter un baschtimendiker macht?

JIDDISCHES SONETT

Die 24 Sonette für Regi und Charles Aukin

I
Siehst du mein Leiden nicht und all die Schrecken,
Bin ich, dein Sinn, am Ende nur ein Nichts?
Mein Aug kann deine Form im Licht entdecken,
Bleibt starr in deiner Stunde des Gerichts.

Du wiegst mich wie den Adler im Feuersturm
Und schleuderst mich – wie Tropfen, die verfliegen.
In tausend Sprachen wie am Babel-Turm
Hast du mir deinen Anbeginn verschwiegen.

Ich weiß, aus Fleisch und Blut bin ich gemacht,
In deinen Taten ist mein Geist gefangen,
Und auf der dunklen Waage Tag-und-Nacht

Bin ich nur Atem für dein nackt Verlangen –
Vielleicht auch eine Kraft, die noch nicht aufgegangen
Wie du – zu letzter, kreativer Macht?

ב

מיר מוזן מער ווי אונדזער ווארט פֿאַרבלאַסן,
הגם מיר זענען דעם בראשית'ס אָנהייב־זין;
מיט וועלט־באַשאַף קען אונדזער דימיון זיך פֿאַרקנסן,
נאָר ניט מיט אונדזער לעצטן, אונדזער אור־באַגין.

דו אָטעמסט אויס אין יעדן ווארט דאָס לעבן קיל־געלאַסן
און אייביק זעסטו שטום פֿון שטערן דעם צערין;
פֿון ליבשאַפֿט איז דײַן גײַסט באַפֿליגלט און פֿון האַסן,
נאָר זאָגן קענסטו קיין מאָל ניט ווי גאָט: איך בין!

מיר זענען שפּיגל פֿון זײַן שווײַגנדיק געשטאַלט.
דורך אונדז האָט ער דאָס לעבן מיט דעם טויט פֿאַרבונדן;
ווען איינס פֿאַרלעשט זיך און אין קברים־אַש צעפֿאַלט,

איז העל פֿון ס'נײַ אַ צווייטס שוין אָנגעצונדן.
אַזוי פֿאַרגייען מיר און גייען אויף אין וווּנדן
און לעבן אייביק הייס און שטאַרבן אייביק קאַלט.

2

mir musn mer wi undser wort farblassn,
hagam mir senen dem berejschess'ss onhejb-sin;
mit welt-baschaf ken undser dimjen sich farknassn,
nor nit mit undser leztn, undser ur-bagin.

du otemsst ojss in jedn wort dos lebn kil-gelassn
un ejbik sesstu schtum fun schtern dem zerin;
fun libschaft is dajn gajsst bafliglt un fun hassn,
nor sogn kensstu kejn mol nit wi got: ich bin!

mir senen schpigl fun sajn schwajgndik geschtalt.
durch unds hot er doss lebn mit dem tojt farbundn;
wen ejnss farlescht sich un in kworim-asch zefalt,

is hel fun ss'naj a zwejtss schojn ongezundn.
asoj fargejen mir un gejen ojf in wundn
un lebn ejbik hejss un schtarbn ejbik kalt.

2
Wir, die wir schneller noch als unser Wort verblassen,
Und sind wir auch der Schöpfung Ziel und Sinn –
All unsre Fantasie kann wohl die Schöpfung fassen,
Doch nicht den letzten, unsern Urbeginn.

In jedem Worte atmest du das Leben kühl, gelassen,
Und siehst doch: auch die Sterne gehn dahin.
Von Liebe ist dein Geist beflügelt und vom Hassen,
Kannst doch nicht sagen so wie Gott: Ich bin.

Wir sind nur Spiegel seiner schweigenden Gestalt.
Durch uns will er das Leben mit dem Tod verbinden.
Wenn unser Leib in Staub zerfällt, alsbald

Sieht man ein neues Flämmlein sich entzünden.
So gehn wir auf in Wunden und – verschwinden
Und leben ewig heiß und sterben ewig kalt.

ג

פֿאַרלאָשן איז דעם נביאס ליכט אין נביאס חלום
און אָפּגעטון פֿון אונדז איז לאַנג שוין יעדער נס;
אונדז בלוטיקט שוין דיין וואָרט אפֿילו – שלום!
און תּמיד זעטיקט אונדז דער סם פֿון דיין מעת־לעת.

עמעץ זייעט פֿינצטער מאָן פֿון הבֿל און הבֿלים,
און נאַקעט ליגן מיר אין אומקום פֿון פֿאַרגעס –
בעת אַ פֿרומער מלאך שעפּטשעט אַלץ: באַצאָל אים!
ביז־וואַן' אין קבֿר וועקט דער וואָרעם זיך צום פֿרעס.

און ווען מיר האָבן דיך אין אונדז געוואָלט דערגרייכן,
דערוועקט אויס דיין יצירה־סודותדיקן זין –
צעווויקלט האָסטו אונדזער סוף. אַזוי ווי אין באַגין,

שטייט ווידער ניי פֿאַר דיינע שטיינערדיקע הייכן
אַ נייער דור און פֿיבערט פֿראָסטיק אויף אַ צייכן
ווי מיר – ביז צו די רגעס פֿונעם לעצטן יום הדין.

3
farloschn is dem nowiss licht in nowiss cholem
un opgeton fun unds is lang schojn jeder ness;
unds blutikt schojn dajn wort afile – scholem!
un tomed setikt unds der ssam fun dajn mess-less.

emez sejet finzter mon fun hewl un hawolim,
un naket lign mir in umkum fun fargess –
bejss a frumer malech scheptschet alz: bazol im!
bis-wan' in kejwer wekt der worem sich zum fress.

un wen mir hobn dich in unds gewolt dergrejchn,
derwekt ojss dajn jezire-ssojdessdikn sin –
zewiklt hosstu undser ssof. asoj wi in bagin,

schtejt wider naj far dajne schtejnerdike hejchn
a najer dor un fibert frosstik ojf a zejchn
wi mir – bis zu di regess funem lezten jom hadin.

3
In des Propheten Traum erlosch die Glut,
Und von uns abgetan ein jedes Wunder.
Sogar dein Wörtlein »Frieden« ist befleckt von Blut.
Und immer sättigt uns der giftige Tages-Plunder.

Wer sät der Nichtigkeiten finstern Mohn?
Wir liegen nackt im Tode des Vergessens,
Ein Engel flüstert: Gib ihm seinen Lohn,
Bevor im Grab die Würmer an uns fressen.

Dich selber wollten wir in uns erreichen,
Erweckt aus dem geheimen Schöpfungssinn.
Du setzt das Ende. Wie im Anbeginn

Steht da steht vor deinen Gipfeln ohnegleichen
Ein neu Geschlecht und harrt, kalt fiebernd, auf ein Zeichen –
Wie wir es tun – bis zum Gerichtstag hin.

ד

מיט וויפֿל נעכט האָסטו זייער בליק געשלאָגן,
מיט וויפֿל פּײן האָסטו זייער מי פֿאַרברענט!
זיי שפּיגלען זיך אין קבֿרימדיקן טאָגן
און ברענגען שטראַלן דיר אין טויטע הענט.

דער נבֿיא ציט מיט דײן באַשאַף־מחשבֿה;
אין פֿרעמד פֿאַרטריבן, פֿראָסטיקט ער אין ווינט.
עס גליט דײן שווײגן קאַלט ווי אַ נדבֿה
און ווי די שאַרף וואָס שעכט אונדז נאָך אַצינד.

מיט סם צעגיסט זיך ליבשאַפֿט אין נשמה,
ווען נאָר מיט שׂינאה איז די וועלט פֿאַרקנסט;
אין קבֿר וועקט מען זיך בײם וואָרט: נקמה!

דער טויט שטייט הינטער יעדן פֿרײנד צו גאַסט;
און וווּ די רגע ליכטיקט שטיל דײן ווערן,
דאָרט בליט נאָר זייער טויטנשווייס – און טרערן.

4
mit wifl necht hosstu sejer blik geschlogn,
mit wifl pajn hosstu sejer mi farbrent!
sej schpiglen sich in kworimdikn togn
un brengen schtraln dir in tojte hent.

der nowi zit mit dajn baschaf-machschowe;
in fremd fartribn, frosstikt er in wint.
ess glit dajn schwajgn kalt wi a nedowe
un wi di scharf woss schecht unds noch azind.

mit ssam zegisst sich libschaft in neschome,
wen nor mit ssine is di welt farknasst;
in kejwer wekt men sich bajm wort: nekome!

der tojt schtejt hinter jedn frajnd zu gasst;
un wu di rege lichtikt schtil dajn wern,
dort blit nor sejer tojtnschwejss – un trern.

4
Mit wieviel Nächten hast du ihren Blick geschlagen,
Mit wieviel Qualen ihre Müh verbrannt!
Sie spiegeln sich in all den Gräber-Tagen,
Bringen dir Licht in ihrer toten Hand.

Der Seher, mit dem Schöpfungsdenken, zieht
Fern in die Fremde, frierend und verachtet.
Dein Schweigen, das wie milde Gaben eisig glüht,
Ist wie das Messer, das uns heut noch schlachtet.

In jeder Liebe ist ein Gift versteckt,
Seit nun der Haß die ganze Welt umfaßt.
Und Rache ist ein Wort, das Tote weckt.

Der Tod steht hinter jedem Freund als Gast.
Und rückt der Augenblick dein Werden still ins Licht,
Blühn Todesschweiß und Tränen, Liebe nicht.

ה

זיי טראָגן נאַקעט זיך ווי גלאַנץ פון שטערן
אויף הייסן אָטעם פון די פלאַמען־פליגלפּערד
און האַלטן אין די הענט צעוויגט אַ בליציק שווערד
צעברענט פון אור־צייט שוין אין טונקעלע באַגערן.

די רגעס וואָס דיין אייביק ליכט זיי זאָלן מערן –
זיי טונקלען אויס דאָס אויג אונדז ווי די קבר־ערד;
און יעדער נייער דור וואָס פרוכפּערט זיך און מערט,
צערינט אין ים דעם זאַלציקן פון אייגענע טרערן.

אין שאָטן זוכן מיר פון יעדן טאָג דיין שלמות;
באַפליגלט פון נשמה פון דיין אל און טויט –
געפינען מיר נאָר אין מצבות איינגעקריצט די אמות

פון אַ וועלט וואָס אייביק ליגט אין נויט
און אָטעמט תמיד דיין בראשיתדיקן גלאַנץ,
אַ וווּנדערלעכע אין איר פאָרם און דאָך ניט גאַנץ!

5
sej trogn naket sich wi glanz fun schtern
ojf hejssn otem fun di flamen-fliglferd
un haltn in di hent zewigt a blizik schwerd
zebrent fun ur-zajt schojn in tunkele bagern.

di regess woss dajn ejbik licht sej soln mern –
sej tunklen ojss doss ojg unds wi di kejwer-erd;
un jeder najer dor woss fruchpert sich un mert,
zerint in jam dem salzikn fun ejgne trern.

in schotn suchn mir fun jedn tog dajn schlejmess;
bafliglt fun neschome fun dajn al un tojt –
gefinen mir nor in mazejwess ajngekrizt di ejmess

fun a welt woss ejbik ligt in nojt
un otemt tomed dajn berejschessdikn glanz,
a wunderleche in ihr form un doch nit ganz!

5
Sie tragen Nacktheit wie ein Sternenkleid
Im Feueratem eines Flügelpferds
Und wiegen in der Hand das blanke Schwert,
In dunkler Gier entbrannt seit frühster Zeit.

Momente, die dein ewiges Licht vermehren,
Verdunkeln unser Aug wie Gräber-Erd.
Ein neu Geschlecht, das fruchtbar sich vermehrt,
Zerrinnt in seinen salzigen Tränenmeeren.

Im Schatten jeden Tags dein Heil entdeckend –
Die Seele ist beschwingt von All und Tod –
In jeden Grabstein eingravierte Schrecken

Von einer Welt in ewig tiefer Not –
Atmet, von deinem Schöpfungsglanz benommen:
Ein Wunder in der Form, doch nie vollkommen.

ו

פֿאַרשטײנטע פֿעלדער אונטער חשכות־נאַכט;
דעם זעלנערס שאָטן ציטערט תמיד לאַנג
פֿאַר רגעס פֿונעם לעצטן שלאָף. און באַנג
און שוואַרץ בײַ אים אַ מלאך זיך פֿאַרטראַכט.

פֿון זעלנערס שלײפֿן סופֿיקט רויט די שלאַכט;
זײַן מורא וויקלט אים אַרום – אַ שלאַנג!
צערינען באַלד וועט שטיל זײַן לעצטער קלאַנג
בײַ קילע טויערן פֿונעם טויט פֿאַרמאַכט.

ווער צינדט אויף אונדזער שטערן משוגעת?
איז אפֿשר דער סך הכל דאָס, דײַן זין?
אַז תמיד, שוין פֿון ערשטן אור־באַגין,

מיר ציען אין תכריכים שוואַרץ פֿון האַס,
און דאָס וואָס אונדז מיט לעבן האָט פֿאַרקנסט,
דײַן נאַקעט וואָרט איז און דײַן טויטער גאַסט.

6
farschtejnte felder unter chaschchess-nacht;
dem selnerss schotn zitert tomed lang
far regess funem leztn schlof. un bang
un schwarz baj im a malech sich fartracht.

fun selnerss schlejfn ssofikt rojt di schlacht;
sajn mojre wiklt im arum – a schlang!
zerinen bald wet schtil sajn lezter klang
baj kile tojern funem tojt farmacht.

wer zindt ojf undser schtern meschugass?
is efscher der ssach hakl doss, dajn sin?
as tomed, schojn fun erschtn ur-bagin,

mir zien in tachrichim schwarz fun hass,
un doss woss unds mit lebn hot farknasst,
dajn naket wort is un dajn tojter gasst.

6
Versteinte Felder unter tiefer Nacht.
Der Schatten des Soldaten zittert lang.
Minuten seines letztens Schlafes. Bang
Und schwarz bei ihm ein Engel grübelnd wacht.

Und auf des Kriegers Schläfen endet rot
Die Schlacht, und Angst umschlingt ihn – eine Schlange.
Ein letzter Klang bei seinem Untergange
An kühlen Toren, schon versperrt vom Tod.

Wer brennt auf unsrer Stirn den Irrsinn an?
Ist dies die Quintessenz, ist dies dein Sinn?
Wir ziehen immer, schon seit Ur-Beginn,

Mit schwarzen Totenhemden angetan.
Was uns ans Leben bindet, es umfaßt
Dein nacktes Wort, und auch den toten Gast.

ז

צו דיר מתפלל בין איך אין יסורים
און רוף דיך הייס אויס טיפער נויט;
א רגע־בלענד בין איך פון גייסט און פורעם,
צום לעבן צוגענאָפלט און צום טויט.

דעם אָדלער, וואָס דו ווינסט אין בליצן־שטורעם,
דעם נאַקעטן ווי איך – נאָר ביין און הויט –
אים טראָגסטו העכער איבערן בבל־טורעם
וואָס מיר מיט טויטשווייס האָבן אויפגעבויט.

איך ווייס, מיך האָסטו פון דער ערד גענומען,
מיין אויג האָסטו צעהעלט מיט ליכט וואָס רינט
אין אונדזער גרויסן צער וואָס איז שוין בלינד

פון אייביקן פאַרגיין און אייביק קומען,
אז בלייבן זאָל עס ביזן גאָר־פאַרשטומען –
אַ סימן פאַר דיין אייביקן אַצינד.

7
zu dir misspalel bin ich in jissurim
un ruf dich hejss ojss tifer nojt;
a rege-blend bin ich fun gajsst un furem,
zum lebn zugenoplt un zum tojt.

dem odler, woss du wigsst in blizn-schturem,
dem naketn wi ich – nor bejn un hojt –
im trogsstu hecher ibern bowl-turem
woss mir mit tojtschwejss hobn ojfgebojt.

ich wejss, mich hosstu fun der erd genumen,
majn ojg hosstu zehelt mit licht woss rint
in undser grojssn zar woss is schojn blind

fun ejbikn fargejn un ejbik kumen,
as blajbn sol ess bisn gor-farschtumen –
a ssimen far dajn ejbikn azind.

7
Ich bet zu dir in meinem schweren Leid,
Und ruf dich heiß aus meiner tiefen Not –
Ein Blitz von Geist und Form, und allezeit
Vernabelt mit dem Leben, mit dem Tod.

Du wiegst den Adler im Gewittersturm,
Er, nackt wie ich, aus Knochen nur und Haut.
Ihn trägst du höher als den Babel-Turm,
Den wir mit unserm Todesschweiß erbaut.

Ich weiß es ja, du machtest mich aus Erde,
Mein Aug hast du erhellt mit Licht: das rinnt
In unser großes Leid, schon ist es blind

Von allem diesem ewigen Stirb-und-Werde.
Jedoch es soll uns bleiben bis zuletzt
Und sei ein Zeichen für dein ewiges Jetzt.

ח

מיין גייסט – וואָס ביסט מיין צער און ווילדער פלאַמען־רייטער –
אין בויגן דיינעם – וועלכער בליץ איז ניט געשפּאַנט!
דו ביסט מיין שטאָלצער און געטרייער ליכט־באַגלייטער
און וויגסט די ערדקויל אויף מיין נאַקעטיקער האַנט.

פאַרזאַמלט האָבן זיך אויף אויסגעברענטע שייטער
צו תפילה מיינע אבות, בלוטיק און אין שאַנד;
אין חושך זיינען מאַמעס טויטע קינדער ווייטער
און פרעגן: גאָט, וווּ איז דיין אַלט און הייליק לאַנד?

צו כישוף־הימלען האָסטו מיך מיט זיי געריסן,
נאָר מיינע פליגל מיר מיט דונער־בליץ פאַרברענט!
און מיין אַראָפּפֿאַל וויפל תהומען מוזן שליסן,

ביז דיין בראשית כ'האָב אין קלענסטן שטויב דערקענט?
און קרוינסטו אפשר נאָך איין מאָל מיין לעצט פאַרלאַנגען –
פֿאַרלעש מיך, איידער ביסט אַליין צו גאָט דערגאַנגען!

8
majn gajsst – woss bisst majn zar un wilder flamen-rajter –
in bojgn dajnem – welcher bliz is nit geschpant!
du bisst majn schtolzer un getrajer licht-baglejter
un wigsst di erdkojl ojf majn naketiker hant.

farsamlt hobn sich ojf ojssgebrente schajter
zu tfile majne owess, blutik un in schand;
in chojschech sejgn mamess tojte kinder wajter
un fregn: got, wu is dajn alt un hejlik land?

zu kischef-himlen hosstu mich mit sej gerissn,
nor majne fligl mir mit duner-bliz farbrent!
un majn aropfal wifl tehomen musn schlissn,

bis dajn berejschess ch'hob in klenssten schtojb derkent?
un krojnsstu efscher noch ejn mol majn lezt farlangen –
farlesch mich, ejder bisst alejn zu got dergangen!

8
Mein Geist – du Schmerz und wilder Feuerreiter.
In deinem Bogen – welcher Blitz als Pfeil gespannt!
Wenn du, mein stolzer treuer Licht-Begleiter,
Den Erdball wiegst auf meiner nackten Hand.

Versammelt haben sich auf ausgebrannten Scheitern
Die Väter zum Gebet, so blutig und in Schand.
In Trauer stillen Mütter ihre toten Kinder weiter
Und fragen: Gott, wo ist dein altes, heiliges Land?

Ich, mit emporgerissen in die Zauberlüfte,
Doch meine Flügel wird der Blitz verbrennen!
Mit meinem Sturz verschließ ich wieviel Klüfte,

Bis wir die Schöpfung noch im kleinsten Staub erkennen?
Und krönst du meine Sehnsucht noch vielleicht –
Lösch mich, bevor du selber Gott erreicht.

ב

דײַן מרה־שחורה, איוב, װיל אַלץ גאָט דעראײלן,
אַ פֿינצטרע װיקלט זי אַרום זיך אונדזער שטערן;
צום הימל שטרעקסטו אױס די הענט װי פֿײַערזײַלן,
אין דײַנע אױגן יאָמען אָטעמען פֿון טרערן.

די ניט־געבױרענע אײניקלעך, זײ טוען דערצײלן
פֿון אונדזערע געשטראָפֿטע מענטשלעכע באַגערן;
פֿון יעדן גוף אַ מכּה װעט אַרױס זיך שײלן
און װוּנדיקן – אַ סימן פֿון זײַן קאַלט צעשטערן.

צינד אָן די חושים אין זײַן װאַכנדיקן גײַסט,
לאָז הענגען שטום פֿון טאָג די װאָגשאָל און פֿון נאַכט
און װײס: װי לאַנג אַ מענטש אױף אונדזער ערד נאָך װאַכט,

איז ער אַן אָפּגלאַנץ נאָר, אַן אָטעם נאָר װאָס קרײַסט,
אַרױסגעאָטעמט הײס פֿון זײַן פֿאַרשװיגענער מאַכט,
און קײן מאָל װערט ער ניט פֿון איר און ניט פֿון זיך דערלײזט.

9
dajn more-schchojre, ijow, wil alz got derajln,
a finztre wiklt si arum sich undser schtern;
zum himl schtreksstu ojss di hent wi fajersajln,
in dajne ojgn jamen otemen fun trern.

di nit-gebojrene ejniklech, sej tun derzejln
fun undsere geschtrofte mentschleche bagern;
fun jedn guf a make wet arojss sich schejln
un wundikn – a ssimen fun sajn kalt zeschtern.

zind on di chuschim in sajn wachndikn gajsst,
loss hengen schtum fun tog di wogschol un fun nacht
un wejss: wi lang a mentsch ojf undser erd noch wacht,

is er an opglanz nor, an otem nor woss krajst,
arojssgeotemt hejss fun sajn farschwigner macht,
un kejn mol wert er nit fun ir un nit fun sich derlejst.

9
Dein Trübsinn, Hiob, der will Gott ereilen,
Auch wenn er finster unsre Stirn umhüllt.
Die Arme reckst du auf wie Feuersäulen,
Das Aug vom salzigen Tränenmeer gefüllt.

Die ungebornen Enkel, sie erzählen
Von menschlichem Begehren, von gestrafter Glut:
Aus jedem Leib die Qual hervorzuquälen –
Ein Zeichen eisiger Zerstörungswut.

Zünde die Sinne an in wachem Geist,
Laß hängen, stumm, die Waage Tag-und-Nacht.
Begreif: solang ein Mensch auf unsrer Erde wacht,

Ist Er ein Abglanz nur, der um uns kreist,
Der heiße Odem Seiner stummen Macht –
Nichts, was den Weg in die Erlösung weist.

גֶעשטאַלטן איר פֿאַרלאָשענע פֿון אימה,
מיט אויגן – יאָמען שוואַרצע פֿון דער צייט;
נאָך טורמען כּוחות הויך זיך די געהיימע
פֿון געטער אייביקע מיט מענטש אין שטרייט.

און פֿעלקער ציען צו תהום־אין־סוֹפֿן
און גייען אויף אין פֿייער פֿון דער שלאַכט;
די שטערנס האָבן זיי פֿאַרבלוטיקט אָפֿן –
צעהאַקטע לוחות אין דער שׂינאה־נאַכט.

אַז אַלץ וואָס ער געבאָטן, איז פֿאַרגעסן;
אויס קבֿרים מאָנען טויטע חשבון, זין,
אַריינגעוויקלטע אין גרויל־מעת־לעתן

זיי צינדן שוואַרצע ליכט צום יום־הדין.
נאָר ער פֿאַרשוויגן איז פֿאַר אונדזער וויי
און וויל אויס צער דעם מענטש ניט מאַכן פֿריי.

10

geschtaltn ir farloschene fun ejme,
mit ojgn – jamen schwarze fun der zajt;
noch turmen kojchess hojch sich di gehejme
fun geter ejbike mit mentsch in schtrajt.

un felker zien zu tehom-ejn-ssofn
un gejen ojf in fajer fun der schlacht;
di schternss hobn sej farblutikt ofn –
zehakte luchess in der ssine-nacht.

as alz woss er gebotn, is fargessn;
ojss kworim monen tojte cheshbm, sin,
arajngewiklte in grojl-mess-lessn

sej zindn schwarze licht zum jom-hadin.
nor er farschwign is far undser wej
un wil ojss zar dem mentsch nit machen fraj.

10
Gestalten ihr, verloschen in den Schrecken,
Mit Augen – schwarzen Meeren dieser Zeit,
Da sich noch die geheimen Mächte recken –
Ewige Götter und der Mensch im Streit.

Die Völker stürzen sich in tiefe Schrunden
Und gehen auf im Feuer dieser Schlacht.
Sie tragen auf den Stirnen blutige Wunden,
Zerbrochne Moses-Tafeln in der Feindesnacht.

Was er gebot, soll nun vergessen sein.
Aus Gräbern fordern Tote Rechenschaft und Sinn,
Hülln sich in Schauder dieser Tage ein,

Stelln zum Gerichtstag schwarze Lichte hin.
Er aber hat nur Schweigen für das Menschenleid –
Wenn er den Menschen nicht aus seiner Qual befreit.

יא

איר דורות, איר פֿאַרשוויגענע פֿון קאַלטן טויט;
איר וועלדער, איר פֿאַרשטיינערטע צו אײן־סוף־נאַכט –
ווען אונדזערע שטערנס רויכערן פֿון שרויט
און פֿון די ליפּן בלוטיקט אויס די שלאַכט

פֿון אונטער שוואַרצע פֿאָנען פֿול פֿון טיפֿער נויט –
אין שוויַיגן שטייט ער פֿראָסטיק איבער אונדז פֿאַרטראַכט
און טיילט די רגעס אויס ווי לעצט געבליבן ברויט;
און שוואַרץ מיר רופֿן אַלץ נאָך צו דער לעצטער שלאַכט!

איר דורות, שאָטנס אַלע איר פֿון רגע־בלענד,
אין ימען זאַלציקע פֿון קאַלטער מרה שחורה –
איך ווייס, אַז תּמיד, ווען מיר האָבן בלוט דערקענט

און דעם בראשית־גייסט וואָס פֿרייד צעהעלט און מורא –
פֿאַרבליבן זענען מיר סיַי מענטש און סיַי דער בורא
און ביידע האָבן נאַקעט מיר אין זיך געשענדט.

11
ir dojress, ir farschwigene fun kaltn tojt;
ir welder, ir farschtejnerte zu ejn-ssof-nacht –
wen undsre schternss rojchern fun schrojt
un fun di lipn blutikt ojss di schlacht

fun unter schwarze fonen ful fun tifer nojt –
in schwajgn schtejt er frosstik iber unds fartracht
un tejlt di regess ojss wi lezt geblibn brojt;
un schwarz mir rufn alz noch zu der lezter schlacht!

ir dojress, schotenss ale ir fun rege-blend,
in jamen salzike fun kalter more schchojre –
ich wejss, as tomed, wen mir hobn blut derkent

un dem berejschess-gajsst woss frejd zehelt un mojre –
farblibn senen mir ssaj mentsch un ssaj der bojre
un bejde hobn naket mir in sich geschendt.

II
Geschlechter ihr, verstummt im kalten Tod,
Und Wälder ihr, versteint in ewiger Nacht...
Doch unsre Stirnen sind umwölkt von Schrot,
Von unsern Lippen blutet diese Schlacht

Hier unter schwarzen Fahnen, in der tiefsten Not –
Da steht er eisig, grübelnd Tag und Nacht,
Teilt Augenblicke aus wie letzte Krumen Brot.
Wir aber rufen schwarz zu unsrer letzten Schlacht.

Geschlechter: Schatten, nur vom Augenblick gebannt,
Die sich in Meeren kalter Schwermut weiden.
Und immer, haben wir das Blut erkannt,

Den Schöpfergeist, erhellt von Freud und Leiden –
Stand hie der Mensch, und da der Gott; die beiden –
Wir machten – nackend – sie in uns zuschand.

יב

געשטאַלטן העלדישע אין קבר פֿון זכרון,
קרישטאָל־בערג אויפֿגעטורעמטע פֿון אור־אַמאָל –
דער אָטעם דער צעוויקלטער פֿון אײַער צאָרן
ווי אָדלער טראָגט ער אונדז אַריבערן חשכות־טאָל;

ווען שׂינאה איז אַ ברענענדיקער טײַך געוואָרן
און מעסערדיק ווערט מענטשנס בליק ווי פֿײַער־שטאָל –
זענט איר צעוואַקסן גרויס אַזוי אין אונדזערע יאָרן
און ווידער ציִען מיר אַרויס פֿון ביינערטאָל.

אויף ס'נײַ טראָגט איר מיט אונדז זיך צו דערגרייכן
צו יענע ווײַטן וווּ דער מענטש זאָל לעבן פֿרײַ –
די פֿעלקער אָבער שלאָגן אויף די פֿעלדזן־הייכן

אַ שלאַכט אַ בלוטיקע בראשית־אַלט און נײַ –
און נאַקעט בלײַבן מיר מיט אונדזערע פֿאַרלאַנגען
און וויי! צום אָנהייב ניט און ניט צום סוף דערגאַנגען!

12

geschtaltn heldische in kejwer fun sikorn,
krischtol-berg ojfgeturemte fun ur-amol –
der otem der zewiklter fun ajer zorn
wi odler trogt er unds aribern chaschschess-tol;

wen ssine is a brenendiker tajch geworn
un messerdik wert mentschnss blik wi fajer-schtol –
sent ir zewakssn grojss asoj in undsere jorn
un wider zien mir arojss fun bejnertol.

ojf ss'naj trogt ir mit unds sich zu dergrejchn
zu jene wajtn wu der mentsch sol lebn fraj –
di felker ober schlogn ojf di feldsn-hejchn

a schlacht a blutike berejschess-alt un naj –
un naket blajbn mir mit undsere farlangen
un wej! zum onhejb nit un nit zum ssof dergangen!

12
Ihr Helden aus dem Grab Erinnerung,
Kristallberg, aufgetürmt seit alter Zeit –
Der Atem eures Zornes trägt im Schwung
Uns wie die Adler über finstre Täler weit.

Der Haß schwoll an, als wärs ein Lavafluß,
Der Menschenblick wird scharf wie Feuerstahl –
Was groß in unsre Jahre wuchs, das muß
Nun auferstehn aus dem Gebeinetal.

So laßt uns wieder und gemeinsam wagen
In Weiten, wo die Menschen endlich frei
beisammenleben. Denn die Völker schlagen

Blutige Schlachten, alt und immer neu.
Wir bleiben nackt, in Sehnsucht ohnegleichen,
Die wir den Anbeginn, das Ende nie erreichen.

יג

פֿאַרשװיגענע זונען, קאַלטע היעראָגליפֿן־צײכן,
אין איך האָב איך אַן אָפּגעשטאָרבן פֿאָלק דערקענט,
געשטורעמט האָט עס מיט אַ הײסן שטערן די הײכן –
לסוף צערונען װי די שאָטנס אױף די װענט.

מיר אַלע קענען זיך צו זײער גורל גלײכן:
אין זײער צער אױך אונדזער האַרץ האָט זיך דערברענט;
און זײער דורות־חלום הערט ניט אױף צו שלײכן
אין אונדז מיט אַש־קאַיאָרן אין פֿאַרברענטע הענט.

יאָרטױזנטער באַצװינגט האָט איר מיט אײַער שװײגן
און װען אין קבֿר מוז זיך אונדזער בענקשאַפֿט לײגן,
בלײבט איר דער סוד פֿון אײַער אײביק נײעם גאַנג;

װען גאָט אין אונדזער פּנים שפּיגלט זיך אָן באַנג
װערט אים פֿאַר אונדזער שװערן פֿאַלן, שװערן שטײגן –
בלײבט איר אײַך תּמיד גלײַך אין אײַער מאָס און קלאַנג.

13

farschwigene sunen, kalte hieroglifn-zejchn,
in ajch hob ich an opgeschtorbn folk derkent,
geschturemt hot ess mit a hejssn schtern di hejchn –
lessof zerunen wi di schotnss ojf di went.

mir ale kenen sich zu sejer gojrl glajchn:
in sejer zar ojch undser harz hot sich derbrent;
un sejer dojress-cholem hert nit ojf zu schlajchn
in unds mit asch-kajorn in farbrente hent.

jortojsnter bazwingt hot ir mit ajer schwajgn
un wen in kejwer mus sich undser benkschaft lejgn,
blajbt ir der ssod fun ajer ejbik najem gang;

wen got in undser ponem schpiglt sich un bang
wert im far undser schwern faln, schwern schtajgn –
blajbt ir ajch tomed glajch in ajer moss un klang.

13
Schweigende Sonnen, kalte Hieroglyphen,
In euch hab ich ein fast erstorbnes Volk erkannt –
Das stürmt mit heißer Stirne Höhn und Tiefen,
Am End zerronnen wie die Schatten an der Wand.

Wir alle können uns mit ihrem Los vergleichen:
Ihr Leid, es hat auch uns das Herz verbrannt;
Ihr tiefer Menschheitstraum, er will nicht von uns weichen,
Asche der Morgenröte in verbrannter Hand.

Ihr, die ihr stumm Jahrtausende bewegt –
Wenn ihr die Sehnsucht in die Gräber legt,
Bleibt das Geheimnis eurer Zuversicht.

Gott spiegelt sich im Menschenangesicht,
Von unserm Sturz und Steigen bang erschreckt –
Ihr aber bleibt in euerm Maß und Gleichgewicht.

יד

זײן װאָרט גײט אױף װי דאָס קאַיאָרן־ליכט,
און שטראַלט אין אַלץ דעם אָנהײב שטיל אַרײן,
בעת זײן טונקל־שװײגנדיק געזיכט
פֿאַרשטײנערט איז אין אײביק־טיפֿער פּײן.

אין הימלען אָפֿענע ער קריצט זײן ציל;
װער קען בײם נבֿיא דען דעם לעצטן מײן?
אין זײַטן קרײזן זײ פּלאַנעטיש־קיל,
אומענדלעך שפּאַנען זײ בשעתן שטײן.

דער לעצטער איז אױך אַלץ בראשית־גלאַנץ;
זײן בליק – דעם הימל צינדט ער בליציק אָן,
זײן אָטעם האַלט די ערד צונױף – און גאַנץ

איז ער אין אַלץ דער שטענדיק נײער טאָן;
נאָר װען פֿון אונדזער טרער זײן שטערן גרױט,
דאַן װײס איך: לענגער לעבט פֿון אַלץ דער טױט.

14
sajn wort gejt ojf wi doss kajorn-licht,
un schtralt in alz dem onhejb schtil arajn,
bejss sajn tunkl-schwajgndik gesicht
farschtejnert is in ejbik-tifer pajn.

in himlen ofene er krizt sajn zil;
wer ken bajm nowi den dem leztn mejn?
in zajtn krajsn sej planetisch-kil,
umendlech schpanen sej beschassn schtejn.

der lezter is ojch alz berejschess-glanz;
sajn blik – dem himl zindt er blizik on,
sajn otem halt di erd zunojf – un ganz

is er in alz der schtendik najer ton;
nor wen fun undser trer sajn schtern grojt,
dan wejss ich: lenger lebt fun alz der tojt.

14
Sein Wort, es geht uns auf wie Morgenlicht
Und leuchtet in den Anbeginn, ein Strahl,
Bevor sein dunkel-schweigendes Gesicht
Versteinert in der ewig-tiefen Qual.

In offne Himmel ritzt er sein Gebot und Ziel.
Wer kennt den tiefsten Sinn der Prophetie?
In Zeiten kreisen sie planetenhaft und kühl,
Sie stehen still, unendlich schreiten sie.

Die letzten Flammen sind wie Schöpfungsflammen.
Sein Blick – der Blitz, das Himmelszelt durchfeuernd.
Sein Atem hält das Firmament zusammen,

Ein steter Ton, beständig sich erneuernd.
Doch wird von unsern Tränen seine Stirne grauer,
Dann weiß ich: nur der Tod, er ist von Dauer.

טו

דו לעצטער שוידער, פראָסטיק־קאַלט פארשטומען –
דער טאָג, די נאַכט אין גוסס זיך צעפאַלט;
צום מישפט פון תהום ביסטו געקומען,
אַרויפגעשטיגן קיל און שטום צעשטראַלט

פון גרויסן שווייגן. אייביק־אַלטער טרויער –
ער טריפט פון דיינע פליגל, שוואַרצער מלאך,
און אַלץ פאַרשוויגן שטייסטו אויף דער לויער
און מעסט קיין צייט ניט, מעסט ניט קיין מהלך.

און אפשר שטייט שוין איצט מיין רגע שטיל?
נאָר מיין נשמה וויגט זיך אין יסורים,
זי יאָגט אַרום זיך ווי אין הייסן שטורעם

און פינצטער פרעגט זי נאָך דעם מענטשנס ציל –
נאָר דו, דו שפיגלסט גרויס זיך אין מיין פורעם,
און ביסט בראשיתדיק פאַרשטיינט און קיל.

15

du lezter schojder, frosstik-kalt farschtumen –
der tog, di nacht in gojssess sich zefalt;
zum mischpet fun tehom bisstu gekumen,
arojfgeschtign kil un schtum zeschtralt

fun grojssn schwajgn. ejbik-alter trojer –
er trift fun dajne fligl, schwarzer malech,
un alz farschwign schtejsstu ojf der lojer
un messt kejn zajt nit, messt nit kejn mehalech.

un efscher schtejt schojn izt majn rege schtil?
nor majn neschome wigt sich in jessurim,
si jogt arum sich wi in hejssn schturem

un finzter fregt si noch dem mentschnss zil –
nor du, du schpiglsst grojss sich in majn furem,
un bisst berejschessdik farschtejnt un kil.

15

Du letzter Schauder, frostig-kalt, verschwiegen.
Der Tag, die Nacht zerfällt in Agonie.
Zum Urteil dieses Abgrunds aufgestiegen,
Kalt, stumm, und immer strahlend wie

Aus großer Stille: ewig-alte Trauer
Rinnt, Engel, dir vom schwarzen Flügelkleid.
Und immer schweigend, stehst du auf der Lauer
Und mißt die Ferne nicht, und nicht die Zeit.

Vielleicht steht meine Stunde jetzt schon still?
Doch meine Seele, noch von Leid beflügelt,
Sie jagt umher, von Stürmen aufgewiegelt,

Und finster fragt sie nach des Menschen Ziel –
Nur du, der sich gewaltig in mir spiegelt,
Bleibst, wie im Anbeginn, versteint und kühl.

טז

דו אָטעמסט תמיד הייס אין וואָרט: נקמה!
און פרייִדיק בליט דיין בליק אויף קאַלטער שווערד;
דו זאַמלסט איין די מתים צו נחמה
און זייער שומר בלייבסטו אויף דער ערד.

די קללה איז דיין סימן אין מלחמה.
דיין טריט אַ ניט־געבוירן קינד דערהערט –
מיט שרעק האָסטו צעאַשט אונדז די נשמה,
פון דיין געפרוירענעם בליק ווערט אלץ צעטרערט.

דער שוואַרצער רעגן ביסטו פון די צייטן
און יעדער דור בליט אַלץ נאָר פאַר דיין שניט;
נאָר וואָס פון זייער גייסט און זייער טריט

איז אויפגעגאַנגען נאָך פון דורות־ווייטן,
איז אויך פון גאָט אַ צייכן – און באַגלייטן
וועסט דו ניט מער עס אין דיין קאַלטער מיט.

16
du otemsst tomed hejss in wort: nekome!
un frejdik blit dajn blik ojf kalter schwerd;
du samlsst ajn di mejssim zu nechome
un sejer schojmer blajbsstu ojf der erd.

di klole is dajn ssimen in milchome.
dajn trit ajn nit-gebojrn kind derhert –
mit schrek hosstu zeascht unds di neschome,
fun dajn gefrojrenem blik wert alz zetrert.

der schwarzer regn bisstu fun di zajtn
un jeder dor blit alz nor far dajn schnit;
nor woss fun sejer gajsst un sejer trit

is ojfgegangen noch fun dojress-wajtn,
is ojch fun got a zejchn – un baglejtn
wesst du nit mer ess in dajn kalter mit.

16
Heiß geht dein Atem, sprichst du von der Rache,
Und freudig blüht dein Blick auf kaltem Schwert.
Du sammelst Tote ein und hältst die Wache
Und bleibst ihr Hüter auf der kalten Erd.

Dein Kriegeszeichen – Fluch in meiner Kehle,
Wenn schon ein Ungebornes deine Schritte hört –
Mit all der Qual verbrennst du uns die Seele
Im eisigen Blick, der auflöst und zerstört.

O schwarzer Regen du seit alten Zeiten!
Die Menschen blühn für deinen Schnitt – zumeist.
Doch was von ihrem Schritt und ihrem Geist

Aufging aus all den Zeiten, all den Weiten,
Ist Gottes Zeichen, dir zu widerstreiten,
Daß du es nicht in deine kalte Mitte reißt.

יז

איר דורות איר פֿאַרשטיינטע אייביק נאָר צו שטומען,
איר אָטעמט תמיד צווישן האַלבענאַכט און ווינט;
ווען אײַער שוויַיגן האָט צעבליט די שוואַרצע בלומען
אין אונדזער חלום, ווערסטו, אונדזער רגע, בלינד.

לבנהיק־קיל און שטיל די טויטע שוועסטער קומען,
אין זייער שטערן איינגעקריצט איז זייער זינד;
זיי טראָגן קינדער טויט־געבוירענע — באַנומען
פֿון קאַלטן צער וואָס לעשט דעם אָנהייב און אַצינד.

איר רופֿט צו תפֿילות מיך, פֿאַרגעסענע איר מתים,
ווי ס'וואָלט זיך אײַער אָנהייב אויף דאָס ניַי צעהעלט —
און וויקלט מיך אַרום מיט שעהן ווי טליתים,

אַז לעבן זאָל איך אין אַ צווייַיִק־פֿרעמדער וועלט;
מייַן גורל־חלום וואָס צו גאָט איז עולה־רגל,
זאָל ווינטיקן צו אים אויך אײַער שוואַרצן זעגל.

17

ir dojress ir farschtejnte ejbik nor zu schtumen,
ir otemt tomed zwischn halbenacht un wint;
wen ajer schwajgn hot zeblit di schwarze blumen
in undser cholem, wersstu, undser rege, blind.

lewonik-kil un schtil di tojte schwesster kumen,
in sejer schtern ajngekrizt is sejer sind;
sej trogn kinder tojt-gebojrene — banumen
fun kaltn zar woss lescht dem onhejb un azind.

ir ruft zu tfiless mich, fargessene ir mejssim,
wi ss'wolt sich ajer onhejb ojf doss naj zehelt –
un wiklt mich arum mit scho'en wi talejssim,

as lebn sol ich in a zwej'ik-fremder welt;
majn gojrl-cholem woss zu got is ojle-regl,
sol wintikn zu im ojch ajer schwarzn segl.

17
Versteinte Menschen, ewig stumm zu bleiben,
Noch atmend zwischen Mitternacht und Wind;
Macht euer Schweigen schwarze Blüten treiben
In unsern Traum, wird unser Dasein blind.

Die toten Schwestern, mondenkühl im Winde,
In ihre Stirn die Sünden eingeätzt,
Jede mit einem totgebornen Kinde.
Ihr kalter Schmerz, er löscht das Einst und Jetzt.

Ruft zum Gebet, ihr Toten, lang verschwundnen,
Als wäre euer Aufbruch neu erhellt.
Ich bin in Stunden wie Gebetschals eingebunden,

Lebend in einer zwiefach-fremden Welt.
Mein Schicksalstraum sucht Gott, nach Pilgerart.
Setzt eure schwarzen Segel, kommt zur großen Fahrt!

יח

פֿאַרשטיינערט פֿון דער ערד ווערט איר נאָך אַלץ געטראָגן,
צו שפּיגלען אין די הימלען אייער נאַכט־געשטאַלט —
איר מתים — וויל ניט אייער שווייגן גאָט דעריאָגן
אין אונדזער רגע וואָס צערינט שוין ווייס און קאַלט?

ווען אייער שטילע האָפֿנונג איז אין אונדז פֿאַרפֿלאָכטן,
ווערט אייער פֿאַל פֿאַר אונדז פֿון אויפֿשטייג דער באַגין —
כאָטש נאַקעט איז דאָס מעסער וואָס האָט אייך געשאָכטן
און נאַקעטער די שעה פֿון גרויסן יום־הדין.

ווי טונקל לייכט דאָס פֿעלד פֿון אייער שווערן שווייגן
און אָטעמט צווישן פֿעלקער קיל אין זייער בליק!
מלאכים זעט מען פֿינצטערע אַנידערשטייגן

וואָס ברענגען זייער תפֿילה אויף דער ערד צוריק.
און טראָגן די געשטאַלט פֿון אייך לבֿנה־העכט,
זעט אויס: ער האָט נאָך אַלץ ניט זיך אין אייך דערקענט.

18

farschtejnert fun der erd wert ir noch alz getrogn,
zu schpiglen in di himlen ajer nacht-geschtalt –
ir mejssim – wil nit ajer schwajgn got derjogn
in undser rege woss zerint schojn wajss un kalt?

wen ajer schtile hofnung is in unds farflochtn,
wert ajer fal far unds fun ojfschtejg der bagin –
chotsch naket is doss messer woss hot ajch geschochtn
un naketer di scho fun grojssn jom-hadin.

wi tunkl lajcht doss feld fun ajer schwern schwajgn
un otemt zwischn felker kil in sejer blik!
malochim set men finztere aniderschtajgn

woss brengen sejer tfile ojf der erd zurik.
un trogn di geschtalt fun ajch lewone-hent,
set ojss: er hot noch alz nit sich in ajch derkent.

18
Von Erde ihr versteinert und getragen,
So spiegelt ihr in Himmeln eure Nachtgestalt.
Ihr Toten – will nicht euer Schweigen Gott erjagen
Im Augenblick, zerrinnend weiß und kalt?

Will eure stille Hoffnung sich in uns verflechten,
Dann steigt in euerm Sturz das Morgenlicht.
Die Messer nackt, mit denen sie euch schächten,
Nackter der Tag des himmlischen Gerichts.

Wie dunkel strahlt das Feld von schwerem Schweigen,
Und atmet zwischen Völkern kühl in ihrem Blick!
Und Engel sieht man schwarz herniedersteigen –

Sie bringen das Gebet zu uns zurück
Und tragen euer Bild in mondiger Hand.
Doch Er hat sich in euch noch nicht erkannt.

יט

אייך וויל איך, קאַלטע נאַכטלעכע געשטאַלטן,
באַשװערן: איין מאָל לאָזט דאָך, ערגעץ וו
פֿאַרשלאָסן בלײַבן זאָל זי און באַהאַלטן,
אָט אָ די געטלעכע, די שפּעטע רו,

װען אַלע בלױע נאַקעטע געשטאַלטן
צו מיר און דיר פֿאַרליבטע שמייכלען צו
און טרינקען פֿונעם בעכער, דעם ערד־אַלטן,
מיט גאָט די ערשטע און די לעצטע רו.

און אפֿשר װעט איר מיך אין צער דערהערן,
איר פֿינצטערע מלאכים פֿון דער נױט:
װו אײַער גײסט אין שטענדיקן צעשטערן

אױף פֿליגלען פֿינצטערע אונדז ברענגט דעם טױט —
האָט אונדזער דורותדיק און אייביק װערן
כביכול שמייכלענדיק עס אױפֿגעבױט.

19
ajch wil ich, kalte nachtleche geschtaltn,
baschwern: ajn mol lost doch, ergez wu
farschlossn blajbn sol si un bahaltn,
ot o di getleche, di schpete ru,

wen ale bloje nakete geschtaltn
zu mir un dir farlibte schmejchlen zu
un trinken funem becher, dem erd-altn,
mit got di erschte un di lezte ru.

un efscher wet ir mich in zar derhern,
ir finztere malochim fun der nojt:
wu ajer gajsst in schtendiken zeschtern

ojf fliglen finztere unds brengt dem tojt –
hot undser dojressdik un ejbik wern
kawjochl schmejchlendik ess ojfgebojt.

19
Euch will ich, kalte nächtliche Gestalten,
Beschwören: laßt doch endlich einmal zu
Und laßt sie heimlich im Verborgnen walten,
Die große göttliche, die späte Ruh.

All diese nackten blauen Nachtgestalten,
Sie lächeln dir und mir Verliebten zu
Und trinken aus dem Kelch, dem erdenalten,
Mit Gott die erste und die letzte Ruh.

Ich hoffe, daß ihr mich im Leid erhört,
Ihr finstren Engel all der tiefen Not.
Denn euer Geist, der ständig nur zerstört –

Auf dunklen Flügeln bringt er uns den Tod.
Doch unser Werden, das doch ewig währt,
Bleibt, gleichsam lächelnd, unser Aufgebot.

כ

לבנה – בלייכער שאָטן פון פאַרשװעכטן קינד.
אין שװײַגן ליגט פאַרשטײנערט איצט דער װאַלד.
די אױגן פון די שלאָפנדיקע ברענען קאַלט
אױף פליגל, פינצטער־נאַקעטע, פון נאַכט און װינט.

אײַזיק איז דער אָטעם גאָטס, בעת ער רינט
אין דעם אבלדיקנס פרומער װאַקס־געשטאַלט –
דער מאַמעס לעצטער שמײכל איצט אין אַש צעפאַלט;
אפשר איז ניט מער פאַרהאַן קײן שעה אַצינד?

די בײנער װאַרטן ניט מער אױף אַ נס אין טאָל;
פאַרלאָשן איז דאָס ליכט פון חלום און פון װאָר;
תמיד קלאָגט יחזקאל אין דעם לעצטן דור

און פינצטער לעשט ער אױס דעם הײַנט און דעם אַמאָל.
זע, די אין־סוף־רגע צװישן זײן און טױט
טײלט שױן באַלד מיט מיר און דיר איר לעצט שטיק ברױט.

20
lewone – blejcher schotn fun farschwechtn kind.
in schwajgn ligt farschtejnert izt der wald.
di ojgn fun di schlofndike brenen kalt
ojf fligl, finzter-nakete, fun nacht un wint.

ajsik is der otem gotss, bejss er rint
in dem owldiknss frumer wakss-geschtalt –
der mamess lezter schmejchl izt in asch zefalt;
efscher is nit mer farhan kejn scho azind?

di bejner wartn nit mer ojf a ness in tol;
farloschn is doss licht fun cholem un fun wor;
tomed klogt jechesskl in dem leztn dor

un finzter lescht er ojss dem hajnt un dem amol.
se, di ejn-ssof-rege zwischn sajn un tojt
tejlt schon bald mit mir un dir ir lezt schtik brojt.

20
Mond – bleicher Schatte des geschwächten Kindes.
In Schweigen liegt versteinert jetzt der Wald.
Die Augen all der Schläfer brennen kalt
Auf Flügeln finster-nackt – der Nacht, des Windes.

Eisig der Odem Gottes, während er
Hinfließt in trauernd-fromme Wachsfigur.
Der Mutter letztes Lächeln: Asche nur.
Vielleicht ist keine Zeit und Stunde mehr?

Die Toten glauben nicht mehr an ein Wunder,
Dahin das Licht von Träumen und von Tagen.
Hesekiel hör ich in den Jüngsten klagen,

Er schiebt das Heut und Gestern weg wie Plunder.
Der Augenblick, der ewige, zwischen Sein und Tod,
Teilt schon bald mit mir und dir das letzte Käntchen Brot.

כא

מײן שװעסטער דו פֿון אונדזערע זונען־יוגנט־טעג,
נשמהדיקער שפּיגל, רײן־קרישטאָליק קינד —
די חיה װאָס דער יעגער האָט געזוכט אין װעג,
מיר האָבן תּמיד זי באַהאַלטן שטיל אין אָװנטװינט.

די רגעס אונדזערע — זײ האָבן רױשנדיק געבליט
אין זילבערדיקן גריל פֿון זומערדיקן פֿעלד;
גערונען תּפֿילהדיק איז חצות פֿון טאַטנס ליד,
מיט כּישוף־שאָטנס פֿון אַ טיף־פֿאַרבענקטער װעלט.

ויהי — געװען אַ מאָל אַ הײליק־שטילע שטאָט
און װי דער רױך פֿון האַלבנאַכט שװאַרץ איז זי אַװעק;
נאָר זע, ס'איז תּמיד נאָך דער אײביק־גרױסער גאָט.

גרױס אין אונדזער האָפֿענונג, אין אונדזער שרעק —
פֿאַרברענט ער אַשיק אונדזער װאָגלדיקן טראָט
און נעמט פֿון אונדזער אױג דאָס לעצטע ליכט אַװעק.

21
majn schwesster du fun undsre sunen-jugnt-teg,
neschomediker schpigl, rejn-krischtolik kind —
di chaje woss der jeger hot gesucht in weg,
mir hobn tomed sej bahaltn schtil in owntwint.

di regess undsere – sej hobn rojschndik geblit
in silberdikn gril fun sumerdikn feld;
gerunen tfiledik is chzoss fun tatnss lid,
mit kischef-schotnss fun a tif-farbenkter welt.

wajhi – gewen a mol a hejlik-schtile schtot
un wi der rojch fun halbnacht schwarz is si awek;
nor se, ss'is tomed noch der ejbik-grojsser got.

grojss in undser hofenung, in undser schrek –
farbrent er aschik undser wogldikn trot
un nemt fun undser ojg doss lezte licht awek.

21

O Schwester du aus sonnigen Jugendtagen,
Du Seelenspiegel, rein-kristallnes Kind –
Das Tier, nach dem jetzt all die Jäger jagen,
Wir haben es versteckt im Abendwind.

Die Stunden haben wie im Rausch geblüht.
Silberner Grillensang im Sommerfeld.
Die Mitternacht: Gebet in Vaters Lied,
Mit Zauberschatten einer tief ersehnten Welt.

Und es geschah – die Stadt, so heilig-still und bloß,
Verging wie schwarzer mitternächtiger Rauch.
Doch Gott, der ewige, bleibt dennoch groß.

So groß im Schrecken, in der Zuversicht –
Verbrennt er alle unsre Wege auch
Und nimmt von unserm Aug das letzte Licht.

כב

מײן אוצר, מלאך דו מיט די קרישטאָלנע פליגל,
פֿאַרכּישופֿט גלאַנצן דו פֿון האַלבענאַכטיק שפּיל!
זײן העכסטע מאָס ביסט תּמיד דו, זײן פֿורם און ציל
און אפֿשר פֿון דעם אמת גאָר דער רײנער שפּיגל?

זײן אויג רוט ליכטיק אויף דײן דעמערדיקן װיגל
און בלויז צעהעלט עס איבער דיר קדושהדיקע שטיל –
גענידערטע מלאכים קושן דיך אין שטערן קיל
און גלי'ן אין האַרץ דיר אײן פֿון צײט דעם זיגל.

באַלד װיקלט זיך די זון אַרום דײן גבֿורה־האַנט!
הײב אָן! דײן אָדלערבליק צעריסן האָט די װײטן –
דײן שטערן שטורעמט בליציק באַלד אין אַלע זײטן,

פֿון גאָט צעלויכטן, מענטש און קינד און אבֿות־לאַנד;
נאָר עמעץ, װאָס נאָך ניט געבוירן, ניט באַקאַנט,
װאַרט פֿינצטער שוין און װעט דיך אין דײן סוף באַגלײטן.

22
majn ojzer, malech du mit di krischtolne fligl,
farkischeft glanzn du fun halbenachtik schpil!
sajn hechsste moss bisst tomed du, sajn furm un zil
un efscher fun dem emess gor der rejner schpigl?

sajn ojg rut lichtik ojf dajn demerdikn wigl
un bloj zehelt ess iber dir kiduschedike schtil
geniderte malochim kuschn dich in schtern kil
un gli'n in harz dir ajn fun zajt dem sigl.

bald wiklt sich di sun arum dajn gwure-hant!
hejb on! dajn odlerblik zerissn hot di wajtn –
dajn schtern schturemt blizik bald in ale sajtn,

fun got zelojchtn, mentsch un kind un owess-land;
nor emez, woss noch nit gebojrn, nit bakant,
wart finzter schojn un wet dich in dajn ssof baglejtn.

22
Mein Kleinod, Engel mit kristallnem Flügel,
O Zauberglanz im mitternächtigen Spiel!
Du, stets sein höchstes Maß, du Form und Ziel,
Und bist vielleicht der Wahrheit reiner Spiegel?

Im Dämmer fällt sein Aug auf deine Wiege,
Blau über dir ein heilig stilles Licht,
Und kühle Engel küssen dein Gesicht
Und brennen dir ins Herz das Zeitensiegel.

Schon bald umhüllt die Sonne deine mächtige Hand.
Fang an! Dein Adlerblick zerfetzt die Weiten –
Die Stirn stürmt Blitze hin nach allen Seiten.

Von Gott erleuchtet: Mensch, Kind, Väterland.
Doch einer, ungeboren, unbekannt,
Harrt finster, dich ans Ende zu geleiten.

כג

פֿון דורות אָנגעפֿילטער בעכער דו מיט סמען,
װו אונדזער הײַנט זיך מישט מיט דעם אַמאָל —
דײַן װאָרט צעפֿלאַקערט זיך מיט צאָרנדיקע פֿלאַמען
און דונערדיק שטייט אויף דײַן ביינערטאָל.

װען דײַן בראשיתדיקער אָטעם שליסט צוזאַמען
די טויטע קנאָכן אין אַ פֿורמענדיקער שאָל,
דאַן װעקן אויף אויס קאַלטן שװײַגן זיך די שטאַמען
און טרעפֿן אַלץ אַ הימל האַרט נאָך װי קרישטאָל.

ביסט גרויס אַזוי פֿון אײן־סוף־אָטעם שטיל צעברענט
אין אונדזער דורותדיקן חלום אויפֿגעשטאַנען
און דו צעהעלסט אַ לעצטן סוד װאָס איז פֿאַראַנען

אין אָנהייב װאָס נאָך קיינער האָט נאָך ניט דערקענט;
נאָר באַלד װעט דיך די רגע שװײַגנדיק דערמאָנען,
אַז דער באַשאַף פֿון אַלץ ליגט נאָר אין זײַנע הענט.

23
fun dojress ongefilter becher du mit ssamen,
wu undser hajnt sich mischt mit dem amol –
dajn wort zeflakert sich mit zorndike flamen
un dunerdik schtejt ojf dajn bejnertol.

wen dajn berejschessdiker otem schlisst zusamen
di tojte knochn in a furmendiker schol,
dan wekn ojf ojss kaltn schwajgn sich di schtamen
un trefn alz a himl hart noch wi krischtol.

bisst grojss asoj fun ejn-ssof-otem schtil zebrent
in undser dojressdikn cholem ojfgeschtanen
un du zehelsst a leztn ssod woss is faranen

in onhejb woss noch kejner hot noch nit derkent;
nor bald wet dich di rege schwajgndik dermanen,
as der baschaf fun alz ligt nor in sajne hent.

23
Von Menschen angefüllter Giftpokal,
Wo sich das Heute mit dem Gestern mischt.
Dein Wort, das zornig flammt und nicht erlischt.
Donnernd erhebt sich dein Gebeine-Tal.

Und wenn sich die Gebeine triumphal
Im Schöpfungsodem neu zusammenfügen,
Erwachen Stämme, die so lange kalt geschwiegen,
Auf Himmel treffend, hart wie ein Kristall.

Bist groß, von ewigem Atem still entbrannt
In unserm Zeitentraum seit frühen Jahren.
Willst das Geheimnis endlich offenbaren

Im Anbeginn – das keiner je erkannt.
Der Augenblick läßt schweigend dich erfahren:
All das Erschaffne liegt in Seiner Hand.

כד
דו גרויסער גאָט, דו גאָט אין אַלע אונדזערע צײַטן!
דו, זע: געוויקלט אין תכריכים פֿון מעת־לעתן,
עס וואָגלט אום דײַן פֿאָלק אין גלותדיק פֿאַרגעסן,
אַ מלאך אַ פֿאַרשטיינערטער טוט עס באַגלייטן.

די זונען דײַנע פֿלעגן זײערע טריט צעהעלן,
פֿאַר די פֿאַרכּישופֿטע ירושלים־טויערן;
אָט דאָרט וווּ דו האָסט נבֿיא און דאָס קינד געבוירן
מיט ליכט בראשיתדיקן אויף די דורות־שוועלן.

עס אָטעמט אונדזער בליק שוין ניט מער אין דײַן ווײַט;
דער דאָרשטיקער געפֿינט סײַ ווי דײַן קוואַל ניט מער;
אַז אַלץ: דער מענטש, דער הימל, זין, באַשאַף־באַגער,

פֿון ספֿקות איז און פֿון דײַן שווײַגן קאַלט באַגלייט —
און וואָס פֿון אונדזער דימיון אויפֿגעבליט איז שווער,
איז בלינד אין דויערדיקן און איז אַש פֿון צײַט.

24
du grojsser got, du got in ale undsere zajtn
du, se: gewiklt in tachrichim fun mess-lessn,
ess woglt um dajn folk in golessdik fargessn,
a malech a farschtejnerter tut ess baglejtn.

di sunen dajne flegn sejere trit zeheln,
far di farkischefte jeruscholajim-tojern;
ot dort wu du hosst nowi un doss kind gebojrn
mit licht berejschessdikn ojf di dojress-schweln.

ess otemt undser blik schojn nit mer in dajn wajt;
der dorschtiker gefint sej wi dajn kwal nit mer;
as alz: der mentsch, der himl, sin, baschaf-bager,

fun ssfejkess is un fun dajn schwajgn kalt baglejt —
un woss fun undser dimjen ojfgeblit is schwer,
is blind in dojerdikn un is asch fun zajt.

24
Du großer Gott in aller unsrer Zeit!
Dein Volk, im Totenkittel Tag und Nacht durchmessend,
Es wandert im Exil und sucht Vergessen,
Und ein versteinter Engel gibt ihm das Geleit.

Da deine Sonnen seinen Weg erhellen,
Verzaubert vor Jerusalemer Toren –
Dort hast du den Propheten, hast das Kind geboren
Im Schöpfungslicht auf unsern Zeitenschwellen.

Es atmet unser Blick nicht mehr in deine Weiten.
Der Durstige findet keinen Quell, schon lang.
Denn Mensch und Himmel, Sinn und Schöpferdrang,

Wenn Zweifel und dein Schweigen sie so kalt begleiten –
Und was da schwer aus unsrer Fantasie entsprang –
Ist blind in aller Dauer, Asche dieser Zeiten.

HEJLIKE SCHO'EN   הייליקע שעה'ן

HEILIGE STUNDEN

היילִיקע שעה'ן

פאר יוסף בערנפעלד

הייליק שקיעהדיקע שעה!
דעם טאַטנס שטילע תפילה
און די אָנגעצונדענע רגעס,
אָטעמען
ווי נאַכטרויזן
מיט טונקעלן ליכט און רו –
זײן שאָטן
אויף די ווײַסע ווענט
וויגט אַרײַן
דאָס שוויײגן פון פאַר חצות.

די ברכות
וואָס נעסטיקן
אין דער מאַמעס קײלעכדיקע אויגן,
צעפליגלען זיך
מיט שטערנדיקער שטילקײט;
איר פרומער שמײכל
באַגלײט אונדז
דורכן חשכותדיקן גאָרטן פון שלאָף.

שבת.
מיט אָטעמדיקער סודותדיקײט
ציטערן דער מאַמעס ליפן
און באַהעפטן זיך
מיט די נשמהדיק-צעברענטע ליכט;
באַלד –
אירע סאַמעטענע טריט
ווערן שטיל און ווײס;
דורך די שלייערן
די נעפלדיקע
פון איר טיפן שווײגן
פאַרנעמען מיר דעם אָטעם
פון דער וועלטס שלאָגנדיקן האַרץ.

HEJLIKE SCHO'EN

far jossef bernfeld

hejlik schkiedike scho!
dem tatenss schtile tfile
un di ongezundene regess,
otemen
wi nachtrojsn
mit tunkeln licht un ru –
sajn schotn
ojf di wajsse went
wigt arajn
doss schwajgn fun far chzoss.

di brochess
woss nesstikn
in der mamess kajlechdike ojgn,
zefliglen sich
mit schterndiker schtilkejt;
ir frumer schmejchl
baglejt unds
durchn chaschchessdikn gortn fun schlof.

schabess.
mit otemdiker ssojdessdikejt
zitern der mamess lipn
un baheftn sich
mit di neschomedik-zebrente licht;
bald –
ire ssametene trit
wern schtil un wajss;
durch di schlejern
di nepldike
fun ir tifn schwajgn
farnemen mir dem otem
fun der weltss schlogndikn harz.

HEILIGE STUNDEN

Für Josef Bernfeld

Heilige Abendstunde!
Vaters stilles Gebet,
Und die angezündeten Augenblicke
Atmen
Wie Nachtrosen
Dunkles Licht und Ruhe.
Sein Schatten
Auf den weißen Wänden
Wiegt das Vor-Mitternachts-Schweigen
In den Schlaf.

Die Segenssprüche,
Nistend
In Mutters runden Augen,
Flattern auf
In gestirnter Stille;
Ihr frommes Lächeln
Begleitet uns
Durch den stockfinsteren Garten des Schlafs.

Schabbes.
Atmend-geheimnisvoll
Beben Mutters Lippen
Und verschwimmen
Mit den beseelt brennenden Lichtern;
Bald –
Ihre samtenen Tritte
Werden still und weiß;
Durch die Schleier,
Die nebligen,
Ihres tiefen Schweigens
Vernehmen wir den Atem
Vom schlagenden Herzen der Welt.

הייליק־שבתדיקע שעה!
דער מאַמעס שטילע הענט
און איר לײַכטנדיק פּנים
אָטעמען מיט בענטשנדיקער רו:

»— לאָז אונדז, הימלישער דו,
וואָס מיר זענען דײַן אייביקער קרײַז,
אויפֿגיין אין דײַן רו
ווען מיר וועלן ווערן אַלט און גרײַז,

און אונדזער זאָמען
לאָז בליִען נאָר פֿאַר דיר, פֿאַר דײַן לויב,
פֿאַר דײַן הייליקן נאָמען,
דו — וואָס האָסט אונדז באַשאַפֿן פֿון שטויב —«

און די טרערנדיקע בלױקײט
פֿון אירע שבתדיקע אױגן
עפֿענען אונדז די טױערן
פֿון אַ לאַנג פֿאַרגעסענעם הימל.

hejlik-schabessdike scho!
der mamess schtile hent
un ir lajchtndik ponem
otemen mit bentschndiker ru:

»– los unds, himlischer du,
woss mir senen dajn ejbiker krajs,
ojfgejn in dajn ru
wen mir weln wern alt un grajs,

un undser somen
los blien nor far dir, far dajn lojb,
far dajn hejlikn nomen,
du – woss hosst unds baschafn fun schtojb –«

un di trerndike blojkejt
fun ire schabessdike ojgn
efenen unds di tojern
fun a lang fargessenem himl.

Heilige Schabbesstunde!
Mutters stille Hände
Und ihr leuchtendes Angesicht
Atmen segnende Ruhe:

»Laß, Himmlischer du,
Uns, deinen ewigen Kreis,
Aufgehn in deiner Ruhe,
Wenn wir alt werden und grau,

Und unsern Samen
Laß nur für dich blühen, und dir zum Lob,
Für deinen heiligen Namen,
Du, der du uns aus dem Staub erschaffen hast –«

Und die tränende Bläue
In Mutters Schabbesaugen
Öffnet uns die Tore
Eines lang vergessenen Himmels.

ECCE POETA

I

Als er Mitte des vorigen Jahrhunderts, im Paris der 50er Jahre, einem ihm noch unbekannten jiddischen Schreiber begegnete, habe er sich gefragt: ist das ein wirklicher Dichter? und sei zu der Antwort gekommen: Seht, welch ein Poet! – So der Literaturkenner Dr. Josef Bernfeld. Auch andere erkannten Größe und Eigenart dieses Dichters, der nach der Schoa und nach dem Krieg mit einem Œuvre jiddischer Lyrik hervortrat. Der staunen machende Poet knüpfte zwar an Traditionen der jiddischen Ballade an, verband sie jedoch mit den poetischen Rebellionen der Moderne – denen des Symbolismus, des Expressionismus, manchmal des Surrealismus. Die existentiellen und geistigen Zerreißspannungen, mit denen er zu leben hatte, und die er in seine Verse zwang, waren weder mit den traditionellen noch mit neueren Dichtungsarten zu bewältigen – er brauchte sie alle zugleich.

Damit hat er bei der jiddischen Kritik nicht nur Bewunderung, sondern auch Irritation erzeugt. Allzu kühn und bizarr erschienen manchem traditionsgläubigen Schreiber die Bilderwelt und der Ton dieses Neuerers. Und daß er nach der Schoa, als andere jiddische Künstler sich rigoros von der einst so geliebten deutschen Kultur abwendeten, seine Dichtungen bei einem deutschsprachigen Verlag in Zürich herausbrachte und damit auch eine deutsche Leserschaft ansprach, löste Befremden aus.

Als Lajser Ajchenrand 1976 den Itzik Manger-Preis verliehen bekam, der – nicht wegen seiner Dotierung, doch wegen seines Ansehens – der »jiddische Nobelpreis« genannt worden ist, entschied die Jury einstimmig. Die Begründung verwies auf das Innovatorische seiner Poesie. Er habe die jiddische Dichtung der modernen westeuropäischen Poesie genähert, ohne ihre Eigenart und Besonderheit aufzugeben.

Dieser Dichter, der die Schoa mit großer poetischer Intensität und Eigentümlichkeit zur Sprache brachte, wurde außerhalb des jiddischen Kulturkreises nur wenig wahrgenommen. Im deutschsprachigen Raum lebend, bestand er darauf, weiterhin ausschließlich jiddische Gedichte zu schreiben. Das schien verwunderlich und hatte doch viele Gründe.

Jiddisch war die Sprache der Mutter, des Vaters, der geliebten Schwester Etke und all der andern Umgekommenen, mit denen er täglich und nächtlich Zwiesprache hielt.

Das Jiddische verband ihn mit der Dichtung, Religion, Philosophie, Geschichte des Judentums, dem geistigen Boden, aus dem dieser Antäus seine poetische Kraft gewann. Aber das Mameloschen, seine jiddische Muttersprache, verstand er nicht als Medium der Abgrenzung. Es gehörte für ihn zu jener umfassenden Weltsprache der Poesie, wo die einzelnen Dichteridiome münden, auch das Deutsche und das Jiddische. So schrieb er: »Die Sprache des Dichters erhebt sich über alle nationalen und sprachlichen Grenzen – wie der lebendig schwingende Rhythmus des ewigen Alls.«

Schon auf Grund der frühen Gedichte Ajchenrands hatte sich Hermann Hesse bei der Eidgenössischen Fremdenpolizei für den Autor eingesetzt. »Ich habe zu Herrn Layser Ajchenrand keinerlei persönliche Beziehung. Doch kenne ich eine Anzahl seiner sehr wertvollen, schönen und eigenartigen Gedichte, die ich sehr schätze, und die nicht nur als schöne Zeugnisse einer besonderen Begabung fortbestehen werden, sondern auch als mahnende Dokumente des jüdischen Schicksals in unsern Tagen. Dieser Dichter gehört zu den besten dichterischen Sprechern und Vertretern seines Volkes...« Und in einem Brief an den Autor schrieb er: »Hochgeschätzter Herr Ajchenrand... Sie wissen schon, daß ich von Ihren Gedichten einen starken und schönen Eindruck habe ... Wir Dichter haben, unter andrem, die Aufgabe, das von den Menschen unsrer Zeit Erlittene auszusprechen. Ob das nun auf pathetische oder sentimentale, auf klagende oder auf anklagende Art geschieht, es ist in jedem Falle notwendig, und muß der Menschheit auf ihren unbeholfenen Kinderschritten der Entwicklung ein wenig helfen. Die heutige Größe des Leides gibt uns eine Solidarität, die alle Völker und alle Arten von Dasein und Leiden umfaßt. Das Unerträgliche muß zu Wort kommen, um vielleicht überstanden zu werden. Darin sind wir Brüder.«

2

Lajser Ajchenrand wurde am 23. September 1911 (oder 1912) in Dęblin geboren, einem polnisch-jüdischen Städtchen südöstlich von Warschau, und lebte später mit der Familie in Kurów nahe Majdanek. Vor 1915 stand Dęblin unter russischer Herrschaft und hieß Iwangorod. Dort lag eine der drei russischen Weichselfestungen, die während des ersten Weltkriegs mehrfach umkämpft wurde.

Der Vater war Melamed (Lehrer in der jüdischen Elementarschule), außerdem Schneider, und bei alldem so arm, daß der kleine Lajser schon früh durch Arbeit zum Unterhalt der Familie beitragen mußte. Seine Schwester Etke förderte seine Leidenschaft für Literatur.

Der Vater starb schon vor dem zweiten Weltkrieg. Die Mutter, die Schwester und deren Familie wurden Opfer der Schoa.

Der werdende Dichter siedelte 1937 nach Paris über und lebte dort, wie sein Bruder Fischl, von Schneiderarbeit. Als die deutschen Heere Frankreich überfielen, meldete er sich als Freiwilliger zu einem Ausländerbataillon der Französischen Armee. Nach der Niederlage wurde er in einem Arbeitslager des Vichyregimes in Rufieux Haute-Savoie interniert. 1942, kurz vor der Deportation, gelang ihm die Flucht. Er rettete sich in die Schweiz – und durfte bleiben. Aber er verbrachte hier weitere Jahre in Arbeitslagern.

Sein literarisches Talent half ihm, Freunde zu finden, die sich für seine Freilassung einsetzten: Jo Mihaly, Leopoldt Lindberg, Carl Seelig u. a. 1945 nahm er Wohnung in Zürich. Hier erschienen beim Carl Posen Verlag mehrere Drucke seiner Lyrik: *Wir verstummen nicht (Gedichte in der Fremde)*, gemeinsam mit Jo Mihaly (Elfriede Steckel) und Stephan Hermlin (Rudolf Leder); 1945. *Hörst du nicht? Jiddische Gedichte*, mit deutschen Übertragungen von Walter Lesch, an denen zweifellos auch der Dichter mitgewirkt hat; 1947. Eine kleine Broschüre *Gedichte* aus dem Material dieser Sammlung ging 1946 dem Band voraus.

Zeitweilig hielt sich Ajchenrand in Paris auf, und 1953–54 für ein Stipendienjahr in Buenos Aires. 1957–61 lebte er in Israel. Danach ließ er sich dauerhaft in Zürich nieder.

Die Schweizer Staatsbürgerschaft, die er Anfang der 60er Jahre beantragte, wurde ihm mit formalen Begründungen abgelehnt. Er verzichtete auf weitere Gesuche und blieb staatenlos, aber nicht heimatlos. Schon 1952 hatte er seine Lebensgefährtin, die Schweizerin Claire Ringgenberg, kennengelernt. Das Paar heiratete 1961 in London und bekam zwei Söhne, David (geboren 1963) und Raphael (geboren 1968).

Ohnehin besaß Ajchenrand inzwischen Bürgerrecht in der Literatur.

1953 erschien in Paris sein jiddischsprachiger (diesmal in hebräischen Lettern gedruckter) Band *mimaamakim (Aus der Tiefe)*. Darin hat er die Gedichte aus »Hörst du nicht« weitergeführt, neu gruppiert und durch neue, gewichtige Zyklen ergänzt.

Ajchenrand reiste mehrfach nach Israel, wo alle seine späteren Lyrikbände erschienen: »*doss brojt fun zar*« (*Das Brot des Leidens*, 1964), »*dorscht noch dojer*« (*Durst nach Dauer*, 1970), »*landschaft fun gojrl*« (*Schicksalslandschaft*, 1979), »*zwischn itzt un kejnmol*« (*Zwischen Jetzt und Nie*, 1984); später der Nachlaßband »*di ejbike rege*« (*Der ewige Augenblick*, 1988), von M. Litvine betreut.

In Israel hatte er den großen jiddischen Dichter Abraham Sutzkever kennengelernt und blieb ihm lebenslang in Freundschaft verbunden.

1968 war ihm in Zürich der Salomon-Steinberg-Preis zur Förderung jüdischen Geisteslebens zugesprochen worden. Den Itzik-Manger-Preis verlieh man ihm 1976 in Tel Aviv.

Lajser Ajchenrand ist am 12. November 1985 in Männedorf/Zürich gestorben.

Wenn befreundete Schriftsteller und Künstler in Erinnerungsartikeln seine Persönlichkeit skizzieren, schildern sie seine Leidenschaft für die Lyrik. Carl Seelig schreibt: »Noch selten bin ich einem Schriftsteller begegnet, der von seiner lyrischen Berufung und Aufgabe so besessen ist wie Lajser Ajchenrand.« Alfred A. Häsler sagt in der Totenrede: »Weil er so tief in der Philosophie, der Religion und der Tradition des Judentums wurzelte, war alles Doktrinäre, Erstarrte und Erstarrende ihm fremd. Weil sein Geist sich aus der Quelle seines Herkommens nährte, blieb er lebendig und allen geistigen Strömungen der Gegenwart zugewandt.« Sigmund Bendkower resümiert: »Lajser Ajchenrand ist nach allen gültigen Maßstäben der Dichtkunst ein großer Dichter. Er ist im besten Sinne ein moderner Künstler, der auch die formalen Mittel vollendet beherrscht. Aber er hat sein persönliches hohes Niveau zu einer Zeit erreicht, da das Volk seiner Sprache, sein lebendiger Nährboden, das Kraftfeld des dichterischen Nehmens und Gebens, nicht mehr existiert.« Tuvia Rübner notiert: Die Existenz eines jiddischen Dichters in der Schweiz sei für ihn verblüffend gewesen. »Und das trotz der gewissen Verwandtschaft zwischen dem Jiddischen und den deutschschweizerischen Dialekten, die beide ihrer mittelhochdeutschen Wurzel treu geblieben sind. Später verstand ich den Zusammenhang. Lajser Ajchenrand war seinem Wesen nach zuhause: als Fremder. Seine Art war das dem Selbstverständlichen Widersprechende, und so war auch seine Dichtung«.

3

Der früheste Text Lajser Ajchenrands, der uns erhalten blieb, wurde 1934 durch Vermittlung der Schwester Etke in einer Warschauer jiddischen Zeitschrift abgedruckt. Später hat ihn der Dichter in den Band »Wir verstummen nicht« eingerückt:

»HEND ZUM VARKOIFN
(Ballade)

Wenn letzter Gaßnlamtern derbrennt,
Tog zehenkt sich iber Gaßn un Hoifn,
Nehm ich meine hungerike Hend
Un trug sei zum varkoifn...«

Dieser Band enthält auch das programmatische Gedicht »An Dante«, in dem gefragt wird:
»Wo bist du, Dante? Es gibt keine Stadt, / Wo nicht die Hölle schreit.«
Andere Balladen, durchaus in jiddischer Tradition, handeln von sozialer Not, von Revolution und »letztem Gefecht«, vom Krieg, von der Rache für die ermordeten Väter und Mütter, von den Gefallenen des Warschauer Ghettos und von einem Manne, der am 1. Mai 1944 erschossen wurde.
In dem Folgebuch »Hörst du nicht?« treten diese Texte und ihre Themen zurück. »Fahnen, offene Tore des Todes«, heißt es hier. Noch in »*mimaamakim*« begegnet es, daß Moses' Worte wie rote Fahnen flattern. Doch wo es früher geheißen hatte: »Volk, du spielender Zorn / Zwischen Teufel und Gott«, steht nun: »Wir sind die Feuerbrücke / Zwischen Teufel und Gott«.

Ajchenrands Lyrik ist tief durchlebt und durchlitten, und doch keine Erlebnislyrik in üblichem Sinne. Wie sehr er seine Eltern und die Schwester verehrt, geliebt, betrauert hat, kann man seinen Versen ablesen. Aber von den äußeren Lebensumständen des Dichters erfährt man darin nur wenig.
Das lyrische Ich ist nicht autobiografisch bestimmt. Es wird zum Generations-Ich, zum Menschheits-Ich erweitert. Der Mensch als Ich und Wir zugleich, als mythisch überhöhtes Individuum wird Sprecher und Gegenstand der Lyrik.

Die Gedankenwelt des Buches »mimaamakim« wurzelt in altjüdischen Traditionen der Religion und Philosophie. Der Dichter lebt mit der Bibel und ihren Gestalten, ohne in landläufigem Sinne fromm zu sein. Das lyrische Ich ist hier zumeist ein jüdisches Ich, verwandt den Gestalten des Pentateuch, der Propheten-Bücher und der Hagiographen. Manchmal trägt es Züge eines Propheten oder Sehers. Da ist von Hiob die Rede, der in uns immer neu geboren wird, von Adam, Kain und Abel, von Moses, David, von Hesekiel und Jeremia. Und von Engeln, die den Versen Georg Trakls entstiegen sind.

Der Titel »mimaamakim« (»Aus der Tiefe«) beruft sich auf den berühmten 130. Psalm, der in der lateinischen Bibel »De profundis clamavi ad te Domine« hieß, oder in Luthers wirkungsreicher Nachdichtung »Aus tiefer Not schrei ich zu Dir«. Aus der Tiefe des Leides, der Erniedrigung, der Verzweiflung und des Zweifels, der Empörung und der Hoffnung. Mehr als alle die anderen Psalmen hat dieser Text Komponisten und Dichter inspiriert: Gluck, Bach, Mozart, Schönberg, Penderecki..., Baudelaire, Wilde, Trakl...

Zwei Gedichte dieses Titels – und viele andere aus diesem Themenkreis – sind in dem Band »mimaamakim« zu früheren Texten hinzugetreten und bilden mit ihnen ein sorglich komponiertes Motiv- und Themengeflecht.

Es wird mehrfach berichtet, Ajchenrand habe auf die Frage nach seinem Alter mit »2000 Jahre« geantwortet. Er ist ein Mensch der Diaspora, des jüdischen Exils. Aber beim Entwurf seines dichterischen Kosmos greift er noch weit vor den Beginn dieser »Zerstreuung« zurück. Sein lyrisches Universum reicht von der Genesis bis zum Ende aller Zeiten, bis zum Tag des Gerichts. Eine gewaltige Szenerie für ein Calderonsches Großes Welttheater, ein imaginärer Raum für sein tragisches Menschheitsdrama, das in der Ungeheuerlichkeit der Schoa kulminiert.

Er entwirft Visionen, Träume und Alpträume, fantastische Szenen.

In den Gedichten wird häufig ein Du angesprochen, das unterschiedlichste Adressaten bezeichnen soll, oft rätselhaft und irritierend: der Dichter; der Mensch, die Generation, das Volk; die ungeborenen Kinder und Enkel. Die Toten, und der Tod; das Schicksal; die Engel; Gott. Der verborgene, der unerreichbare, der schweigende, der unbegreifliche, in einem kristallenen, vereisten, versteinten Himmel. Ajchenrand hat eine eigene Art, das biblische Bildnisverbot zu erfüllen. Der Leser sollte nicht allzu sicher sein, diesen Gott zu kennen. Er wird sich mit dem Dichter auf die Suche machen, wird mit Gott rechten und ringen, auch wohl an ihm zweifeln und verzweifeln. Manchmal in den Gedichten, so auf einer monumentalen Felsenbühne um Mitternacht, geschieht es, daß Gott sich selber erkennt. Wie in einer unio mystica finden Mensch und Gott immer neu zu ihrer widersprüchlichen Einheit.

Wenn Lajser Ajchenrand biblische Themen, Motive und Gestalten aufgreift, nutzt er nicht die Formensprache der althebräischen und aramäischen Dichtungen, sondern die der Moderne. Aber dem altüberlieferten Parallelismus entspricht bei ihm die Grundstruktur der Polarität: ein Netz von Antinomien durchdringt sein Werk, Worte rufen ihre Wider-Worte, Sätze ihre Gegen-Sätze. Antithetisch bauen sich Architekturen der Gedichte oder zyklische Folgen auf.

Wenn Ajchenrand es vermocht hat, Projektionen des Unterbewußtseins heraufzuholen, so geschah dies sicherlich nicht durch die surrealistische Technik des automatischen Schreibens, wie gelegentlich behauptet wurde; seine Traum-Inszenierungen vereinen Inspiration und Kalkül, poetische Eruption und ordnende Konstruktion. Nicht zufällig begegnet uns im dem Buch neben Balladenton und freiem Vers auch das formstrenge Sonett. – Ajchenrands oft reflexive Dichtungen verbinden Logik und Leidenschaft, und sie erreichen damit expressive Wirkungen.

In späteren Gedichtbänden tritt das Thema der Schoa in den Hintergrund. Begrifflich-Abstraktes nimmt zu. Die Ansprache an ein geheimnisvolles Du wird seltener.

Im Sprachlichen wirkt die Tendenz, dem einzelnen Wort immer größere Tragfähigkeit zuzuteilen. Der Dichter reduziert Verszeilen auf wenige Wörter, manchmal ein einziges Wort – eine Schreibart, die schon im frühen Expressionismus zu finden war. Aber alle diese Entwicklungen, die von Buch zu Buch fortschreiten, gehen von der Sammlung »mimaamakim« aus, in der das dichterische Werk Ajchenrands seine Höhe erreicht.

4

Der Gedichtband, in dem Lajser Ajchenrand 1953 die Summe seines bisherigen Dichtens zog, wird hier, ein halbes Jahrhundert nach dem Erstdruck, in einer Neuausgabe vorgelegt.

Der Dichter und einige seiner Freunde waren seinerzeit sehr skeptisch, was die Übersetzbarkeit seiner Texte in irgendeine andere Sprache betrifft. Wo Lajser Ajchenrand selber versuchte, seine jiddischen Verse deutschsprachigen Lesern nahezubringen, nutzte er daher eine Umschrift – die er der deutschen Orthographie in ungewöhnlichem Maße annäherte.

Die vorliegende Ausgabe geht einen anderen Weg. Sie druckt die Gedichte in dreifacher Weise. Das jiddische Original wird einmal in hebräischer Quadratschrift, einmal in lateinischen Lettern wiedergegeben; und die deutsche Versübertragung steht dem Original zur Seite. Angaben Ajchenrands folgend, sind Druckfehler der Vorlage korrigiert worden. Die variable Orthographie des Dichers wurde nicht normiert. Die Transliteration soll deutschsprachigen Lesern den Zugang zum Original erleichtern; eine vergleichbare Umschrift bot Immanuel Olsvanger in seiner Sammlung »Rosinkess mit Mandlen«, die in der Schweiz mehrfach erschienen ist. (Die internationale wissenschaftliche Yivo-Transkription wird davon nicht berührt.)

Der Dolmetsch dieses Buches, nicht unerfahren im Übersetzen jiddischer Lyrik, legt hier seine Neuübertragung vor. Er dankt Frau Claire Ajchenrand für ihren Beistand und ihre Anmahnungen. Sie plädierte für Versionen, die dem originalen Wortlaut sehr nahe bleiben und dennoch wie deutsche Gedichte wirken können. Und sie hat einen wichtigen Grund auf ihrer Seite: bei der subtilen Begriffs- und Metaphern-Dialektik der Texte und deren manchmal hermetischer Schreibweise könnte eine freiere Übersetzung leicht zu Fehldeutungen führen.

Allerdings kann und darf ein Nach-Dichter auf Freiheiten nicht ganz verzichten.

Daß der Verlag dem Buchtitel *Aus der Tiefe* ein Stilleben von Chaim Soutine unterlegt, mag auf den ersten Blick befremden, und soll es tun. Aber Leben und Werk beider Künstler haben vieles gemein: die ostjüdische Herkunft; den Versuch, sich in Paris zum Künstler auszubilden; die Existenzweise eines jüdischen Immigranten im deutsch besetzten Frankreich; den expressionistischen Grundgestus und die gelegentliche Nähe zum Surrealismus. Außerdem findet die Wahl eines solchen Stillebens in Ajchenrands Gedicht »Natur morte« (jiddisch nachzulesen in dem Gedichtband »doss brojt fun zar«) eine erstaunliche Stütze: »... das kalte Messer / bei den braunen toten Vögeln / auf dem Tisch / hält beständig den Weg offen / zu den unterirdischen Gedanken.«

Hubert Witt

INHALT

איבעריק ווערט מיר 6	Sinnlos 7	
	iberik wert mir 6	
דער אָנהייב 8	Der Anfang 9	
	der onhejb 8	
מלחמה 10	Krieg 11	
	milchome 10	
מיין מאַמע 14	Meine Mutter 15	
	majn mame 14	
דאָס געטאָברענט 18	Das Getto brennt 19	
	doss geto brent 18	
מען פירט זיי צום שחיטה־פּלאַץ 22	Man führt sie zum Umschlagplatz 23	
	men firt sej zum schchite-plaz 22	
מיין פֿאָלק 26	Mein Volk 27	
	majn folk 26	
מיר קענען אייך 30	Wir kennen euch 31	
	mir kenen ajch 30	
טויט און ווידערגעבורט 34	Tod und Wiedergeburt 35	
	tojt un widergeburt 34	
קוים זע איך דיין שטיינערן פּנים 40	Kaum seh ich dein steinern Gesicht 41	
	kojm se ich dajn schtejnern ponem 40	
די באַלאַדע פֿון ישו און אַ יידיש קינד 44	Die Ballade von Jesus und dem jüdischen Kind 45	
	di balade fun jischu un a jidisch kind 44	
אַ קליינע באַלאַדע 48	Eine kleine Ballade 49	
	a klejne balade 48	
דעראינערונג 52	Erinnerung 53	
	derinerung 52	
איך הער די טויטע וויינען 56	Ich hör die Toten weinen 57	
	ich her di tojte wejnen 56	
ברוינע שקיעה 60	Brauner Sonnenuntergang 61	
	brojne schkie 60	
אַן אַלט מאָטיוו 62	Ein altes Motiv 63	
	an alt motiw 62	
פֿאַרוואָגלטע דורות 66	Umgetriebne Generationen 67	
	farwoglte dojress 66	
ממעמקים 70	Aus der Tiefe rufe ich 71	
	mimaamakim 70	
מה אנו 74	Was sind wir 75	
	ma anu 74	
די ביינער אין טאָל לינן פֿאַרגעסן 78	Die Gebeine im Tal liegen vergessen 79	
	di bejner in tol lign fargessn 78	

GESANG VOM VERGEHN
GESANG FUN FARGEJN

צו די פֿאַרלאָשענע דורות 84	An die verloschenen Geschlechter	85
	zu di farloschene dojress 84	
בראשית 90	Im Anfang 91	
	berejschess 90	
דער קרייז 92	Der Kreis 93	
	der krajs 92	
האַרבסטיקע שעה'ן 94	Herbstliche Stunden 95	
	harbsstike scho'en 94	
איינזאַמקייט און דערמאָנונג 98	Einsamkeit und Erinnerung 99	
	ejnsamkejt un dermanung 98	
טיפֿענישן פֿון עבֿר 102	Tiefen der Vergangenheit 103	
	tifenischn fun ower 102	
אומעט 106	Trauer 107	
	umet 106	
שקיעה 108	Sonnenuntergang 109	
	schkie 108	
טרויעריק לעבן 112	Trauriges Leben 113	
	trojerik lebn 112	
געזאַנג פֿון פֿאַרגיין 116	Gesang vom Vergehn 117	
	gesang fun fargejn 116	
שפּיטאָל־באַלאַדע 120	Spital-Ballade 121	
	schpitol-balade 120	
שרעק פֿאַרן טויט 126	Todesangst 127	
	schrek farn tojt 126	
ביים אָפֿענעם קבֿר פֿון אַ דיכטער 128	Am offnen Grab eines Dichters 129	
	bajm ofenem kejwer fun a dichter 128	
»ניי־יאָר« 132	»Neujahr« 133	
	»naj-jor« 132	
באַלאַדע 134	Ballade 135	
	balade 134	
האַרבסט 136	Herbst 137	
	harbsst 136	
דו 138	Du 139	
	du 138	
די שוואַרצע וואַסערן 140	Die schwarzen Wasser 141	
	di schwarze wassern 140	
דו וואָס פֿרעגסט ביים בלינדן גורל 144	Du, der das blinde Schicksal befragt	145
	du woss fregsst bajm blindn gojrl 144	
צום אין־סוף 148	An die Unendlichkeit 149	
	zum ejn-ssof 148	
דער מענטש 152	Der Mensch 153	
	der mentsch 152	
מענטשלעכער טרויער 156	Menschliche Trauer 157	
	mentschlecher trojer 156	
אין־סופֿיקע רגעס 160	Unendliche Augenblicke 161	
	ejn-ssofike regess 160	
צוויי סטראָפֿעס 162	Zwei Strophen 163	
	zwej sstrofess 162	

GESANG EINES WACHENDEN
GESANG FUN A WACHNDIKN
גֶעזַאנג פֿון אַ וואַכנדיקן

אין שטילע רגעס 166 — In stillen Augenblicken 167
in schtile regess 166

און דו זאָגסט: עס איז גוט! 168 — Und du sagst: Es ist gut! 169
un du sogsst: ess is gut! 168

אמן 172 — Amen 173
omejn 172

די רגע פֿאַר מיטנאַכט 176 — Der Augenblick vor Mitternacht 177
di rege far mitnacht 176

געזַאנג פֿון אַ וואַכנדיקן 180 — Gesang eines Wachenden 181
gesang fun a wachndikn 180

נאָך אַ נאַכט 184 — Nach einer Nacht 185
noch a nacht 184

אידיליע 186 — Idylle 187
idilje 186

צו לאהן 188 — An Lea 189
zu lejen 188

האָסט מיך פֿאַרלאָזן 190 — Du hast mich verlassen 191
hosst mich farlosn 190

הערסטו נישט? 194 — Hörst du nicht? 195
hersstu nischt? 194

מײַן שוועסטער 196 — Meine Schwester 197
majn schwesster 196

שטיל גייסטו יעדע נאַכט 198 — Still gehst du jede Nacht 199
schtil gejsstu jede nacht 198

דערציילט דיר דער שפּיגל 202 — Erzählt dir der Spiegel 203
derzejlt dir der schpigl 202

נעכט 206 — Nächte 207
necht 206

מיטנאַכט פֿאַר אַן אַלטן בית־עולם 208 — Mitternacht vor einem alten Friedhof 209
mitnacht far an altn bess-ojlem 208

נאַכט־עלעגיע 210 — Nacht-Elegie 211
nacht-elegje 210

וווּ אַהין? 212 — Wohin? 213
wu ahin? 212

נאַכטלעך 216 — Nächtlich 217
nachtlech 216

רחל 218 — Rachel 219
rochel 218

בײַ דער ירמיהו־סטאַטוע אין אַלט־זשענעווע 222 — Bei der Jeremias-Statue in Alt-Genf 223
baj der jirmiohu-sstatue in alt-shenewe 222

אויף די וועגן פֿון ייִדישן חלום 226 — Auf den Wegen des jüdischen Traums 227
ojf di wegn fun jidischn cholem 226

די באַלאַדע פֿון דער צוועלפֿטער שעה 230 — Die Ballade von der zwölften Stunde 231
di balade fun der zwelfter scho 230

אמן 234 — Amen 235
omejn 234

מיר 236	Wir 237	
	Mir 236	
אורשווייץ 240	Urschweiz 241	
	urschwejz 240	
שווייצאריש מאָטיוו 244	Schweizer Motiv 245	
	schwejzarisch motiw 244	
ממעמקים 246	Aus der Tiefe rufe ich 247	
	mimaamakim 246	

ייִדישער סאָנעט	**JIDDISCHES SONETT**	
	JIDISCHER SSONET	
דו פֿאַרנעמסט ניט מײַנע אייביקע יסורים! 252	Siehst du mein Leiden nicht und all die Schrecken 253	
	du farnemsst nit majne ejbike jessurim! 252	
מיר מוזן מער ווי אונדזער וואָרט פֿאַרבלאָסן 254	Wir, die wir schneller noch als unser Wort verblassen 255	
	mir musn mer wi undser wort farblassn 254	
פֿאַרלאָשן איז דעם נבֿיאס ליכט אין נבֿיאס חלום 256	In des Propheten Traum erlosch die Glut 257	
	farloschn is dem nowiss licht in nowiss cholem 256	
מיט וויפֿל נעכט האָסטו זייער בליק געשלאָגן 258	Mit wieviel Nächten hast du ihren Blick geschlagen 259	
	mit wifl necht hosstu sejer blik geschlogn 258	
זיי טראָגן נאַקעט זיך ווי גלאַנץ פֿון שטערן 260	Sie tragen Nacktheit wie ein Sternenkleid 261	
	sej trogn naket sich wi glanz fun schtern 260	
פֿאַרשטיינטע פֿעלדער אונטער חשכות־נאַכט 262	Versteinte Felder unter tiefer Nacht 263	
	farschtejnte felder unter chaschchess-nacht 262	
צו דיר מתפלל בין איך אין יסורים 264	Ich bet zu dir in meinem schweren Leid 265	
	zu dir misspalel bin ich in jissurim 264	
מײַן גייסט – וואָס ביסט מײַן צער און ווילדער פֿלאַמען־רײַטער – 266	Mein Geist – du Schmerz und wilder Feuerreiter 267	
	majn gajsst – woss bisst majn zar un wilder flamen-rajter 266	
דײַן מרה־שחורה, איובֿ, וויל אַלץ גאָט דעראײַלן 268	Dein Trübsinn, Hiob, der will Gott ereilen 269	
	dajn more-schchojre, ijow, wil alz got derajln 268	
געשטאַלטן איר פֿאַרלאָשענע פֿון אימה 270	Gestalten ihr, verloschen in den Schrecken 271	
	geschtaltn ir farloschene fun ejme 270	
איר דורות, איר פֿאַרשוויגענע פֿון קאַלטן טויט 272	Geschlechter ihr, verstummt im kalten Tod 273	
	ir dojress, ir farschwigene fun kaltn tojt 272	

געשטאַלטן העלדישע אין קבר פֿון זכרון 274	Ihr Helden aus dem Grab Erinnerung 275 geschtaltn heldische in kejwer fun sikorn 274
פֿאַרשוויגנע זונען, קאַלטע היעראָגליפֿן־צייכן 276	Schweigende Sonnen, kalte Hieroglyphen 277 farschwigene sunen, kalte hieroglifn-zejchn 276
זײַן וואָרט גייט אויף ווי דאָס קאָיאָרן־ליכט 278	Sein Wort, es geht uns auf wie Morgenlicht 279 sajn wort gejt ojf wi doss kajorn-licht 278
דו לעצטער שוידער, פֿראָסטיק־קאַלט פֿאַרשטומען – 280	Du letzter Schauder, frostig-kalt, verschwiegen 281 du lezter schojder, frosstik-kalt farschtumen 280
דו אָטעמסט תמיד הייס אין וואָרט: נקמה! 282	Heiß geht dein Atem, sprichst du von der Rache 283 du otemsst tomed hejss in wort: nekome! 282
איר דורות איר פֿאַרשטיינטע אייביק נאָר צו שטומען 284	Versteinte Menschen, ewig stumm zu bleiben 285 ir dojress ir farschtejnte ejbik nor zu schtumen 284
פֿאַרשטיינערט פֿון דער ערד ווערט איר נאָך אַלץ געטראָגן 286	Von Erde ihr versteinert und getragen 287 farschtejnert fun der erd wert ir noch alz getrogn 286
אײַך וויל איך, קאַלטע נאַכטלעכע געשטאַלטן 288	Euch will ich, kalte nächtliche Gestalten 289 ajch wil ich, kalte nachtleche geschtaltn 288
לבֿנה – בלייכער שאָטן פֿון פֿאַרשוועכטן קינד 290	Mond – bleicher Schatte des geschwächten Kindes 291 lewone – blejcher schotn fun farschwechtn kind 290
מײַן שוועסטער דו פֿון אונדזערע זוניקן־יוגנט־טעג 292	O Schwester du aus sonnigen Jugendtagen 293 majn schwesster du fun undsre sunen-jugnt-teg 292
מײַן אוצר, מלאך דו מיט די קרישטאָלענע פֿליגל 294	Mein Kleinod, Engel mit kristallnem Flügel 295 majn ojzer, malech du mit di krischtolne fligl 294
פֿון דורות אָנגעפֿילטער בעכער דו מיט סמען 296	Von Menschen angefüllter Giftpokal 297 fun dojress ongefilter becher du mit ssamen 296
דו גרויסער גאָט, דו גאָט אין אַלע אונדזערע צײַטן! 298	Du großer Gott in aller unsrer Zeit! 299 du grojsser got, du got in ale undsere zajtn 298

הייליקע שעה'ן	**HEILIGE STUNDEN** HEJLIKE SCHO'EN
הייליקע שעה'ן 300	Heilige Stunden 301 hejlike scho'en 300

ECCE POETA
von Hubert Witt 307